JN124441

チーム学校で
子どもとコミュニティを
支える

教師とSCのための学校臨床のリアルと対応

MASUDA KENTARO

増田健太郎 著

遠見書房

はじめに

　学校現場には，光と影がある。光は教師たちの絶え間ない努力と教育実践の成果としての子どもたちの成長である。一方，影は不登校やいじめなど学校臨床が対象とする事象である。本書では，不登校・いじめ・学級崩壊・保護者のクレームなど，学校現場が今悩んでいることを，データと事例によって，学校現場のリアルを描き出し，学校やスクールカウンセラー（以下，SCと略記）等がどのように，チーム学校で子どもとコミュニティを支えるのかを考えるための本である。チーム学校で教師や子どもたちを支援するためには，コミュニケーションのあり方が課題となる。支え合うコミュニケーションとは何かを考えるために，コミュニケーションの種類や本質にも言及している。また，カリキュラムや授業をどのように展開すれは，子どもたちにとっての有意義なものになるのかも取り入れている。

　コラム欄には，「ほめる文化に転換するために」や「仕事の優先順位のつけ方」等，筆者がこれまでの取り組みを通して感じたり考えたりしていることを紹介している。

　子どもたちの明るい声がこだまする学校は素敵である。学校での研修や調査等で，幼稚園から高校まで行く機会が多いが，どんなに疲れていても，子どもたちの「澄んだ瞳」と「明るい笑顔」に接すると元気になる。それは，日本だけでなく海外でも同じである。フィンランドのオウル市で，小学校・中学校・高校の先生の家にホームステイをしながら，1カ月間，総合学校（小・中一貫校）で授業観察や授業をさせてもらったとき，子どもたちの澄んだ瞳と笑顔に何度も救われた。アメリカやオーストラリアの小学校に調査に行ったときも，子どもたちと一緒に遊ぶだけで海外調査の疲れを癒してくれた。調査訪問を受け入れてくれる学校には，日本も海外も5つの共通の要因がある。1つ目は校長先生の理解がある，2つ目は先生同士の協働性がある，3つ目に先生たちが自然体である（よいところもわるいところもオープン），4つ目は先生たちも子どもたちも気持ちのよい挨拶が返ってくる，5つ目は学校がきれいである。逆に考えると，調査や学校訪問を断る学校は，前述の5つの要因のどれかが，足りないのかもしれない。教職員の関係性のよさ，専門機関とすぐにつながる関係性，ウチとソトに開かれた学校である。

　最近，「教員不足」「学校現場のブラック化」等学校の危機的な状況を伝え

る教育関係のニュースが多い。実際に学校を訪問して，研修会を行ったり，校長たちと話をしたりしても，新任の教師が増えたが，中堅層の教職員が少ないこと，業務多忙で今まで長年蓄積されてきた教師のスキルが伝承されずに，学級経営力や授業力の低下を心配する声もある。業務が多忙の中，不登校やいじめの問題，発達障害児童生徒への対応など「学校臨床問題」にどのように対応したらよいのか悩んでいる学校も多い。近年は公的に調査がされていないために実数はわからないが，いわゆる学級崩壊も増えてきている印象である。学級崩壊は，児童生徒の不登校やいじめ，保護者のクレーム，教師の精神疾患による休職・離職などあらゆる学校臨床問題が集約的に現れる事象である。教員不足で次の担任が補充できずに，教頭や教務主任が兼任で担任を持っている事例も多い。そうなると学校経営にも支障が出てくる。また，保護者のクレームの問題が課題となっている学校も多い。学級崩壊や保護者のクレームにどのように対応するのか苦悩しているのが現状であろう。

　派遣された SC やスクールソーシャルワーカー（以下，SSW と略記）を上手に活用している学校もあれば，活用できずにいる学校もある。上手に活用されていない学校は，それぞれの専門職が持っている背景や個人的力量が違うことに加え，SC は不登校や発達障害児童生徒の対応のみ，SSW は虐待や貧困家庭の対応のみと，SC や SSW の役割を決めつけていることもひとつの要因である。先述したように学級崩壊は，多様な学校臨床問題が発生する現象である。また，保護者のクレームも教師のメンタル面に大きな影響を及ぼすとともに，学級経営や学校経営にも大きな影響を与えている。チーム学校で対応するとき，その中に，いかに SC や SSW に参画してもらい，学校臨床問題全体に一緒に取り組んでもらえるかが，学校臨床問題解決のための一つの鍵である。

　そこで，本書では，学校臨床問題とは何かの全体像を示し，各事象に対して学校臨床問題を解決するためのヒントを多くの事例をもとに考える構成としている。また，授業の方法についても筆者の授業実践をもとに解説している。学校臨床問題はそれぞれに対処すべきことであるが，学校の教師の本来の業務の中心は授業である。児童生徒の学校生活の中心は授業時間である。授業が楽しければ，不登校やいじめなどにも間接的にポジティブな影響を与えることができる。

　本書を一人でも多くの教職員や SC・SSW など専門能力スタッフに読んでいただき，学校臨床に対応するために活用していただければ幸いである。

　なお，本書では，実際の学校現場での臨床問題を理解してもらうために事例を掲載している。掲載している事例は全て許可をもらっているか，事例の本質を損なわない程度に改変しているものである。

増田健太郎

第2部　学校臨床の実際と対応

第1部　学校臨床の現状

第1章

学校臨床とは何か

I　学校臨床の課題

　日本の教育は，教育基本法・学校教育法・学習指導要領等によってどの学校においても標準的な教育が行われるように制度設計されており，その特徴は教科教育だけではなく道徳・特別活動，総合的な学習や清掃活動等，「知・徳・体」の全人的教育が行われていることである。教師研修においては，教育基本法第9条に「法律に定める学校の教員は，自己の崇高な使命を深く自覚し，絶えず研究と修養に励み，その職責の遂行に努めなければならない」とあり，教育公務員特例法第21条に「教育公務員は，その職責を遂行するために，絶えず研究と修養に努めなければならない」と定められている。研修には教育センター等で行われる①基本研修（初任者・5年目・10年目研修等），②専門研修（教科・教育課題に関する研修）がある。また各学校においても「校内研修」があり，授業研修や生徒指導上の研修，教師のコンプライアンス研修等が計画的に実施されていることにより，教師の資質向上および教育の質の向上が図られている。

　その一方で，学校・教師・児童生徒がおかれている厳しい状況がある。社会の変化に対応する教育改革や変容する児童生徒・保護者への対応・部活動指導等のために教師は多忙化の一途をたどっており，教師のメンタルヘルスにも大きな影響を与えている。また，2019（令和元）年に発生した新型コロナウイルス感染症の拡大は，2020（令和2）年3月の全国一斉の休校や度重なる緊急事態宣言により，休校措置や新型コロナウイルス感染症対応により登校できなくなった児童生徒の心のケアと学力保障が新たな課題となった。さらに，運動会や修学旅行の学校行事の変更や健康観察・消毒作業等により，教師の仕事量は大幅に増え，教師の心理的負担は増加している。図1は，このような厳しい状況に対して，スクールカウンセラー（SC）が関わるべき事項を，重要度と発生率で見える化したものである。重大事案と発生率でまとめると，「誘拐事件，学校管理下の事故，自殺・指導死，教師のわいせつ事案」「いじめ・学級崩壊・校内暴力・貧困の問題」「集団食中毒・教師のパワーハラスメント・セクシュアルハラスメント」「体罰・教師の精神性疾

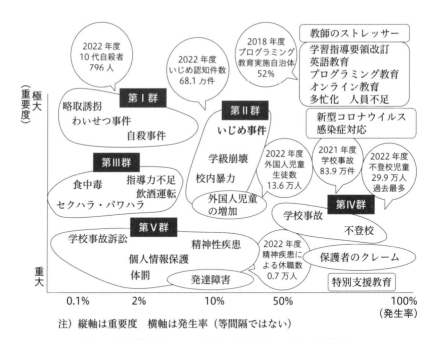

注）縦軸は重要度　横軸は発生率（等間隔ではない）

図1　学校がおかれている厳しい現状（露口，2011を改変）

患」「不登校・学力向上の工夫」「保護者のクレーム」等多種多様である。さらに新型コロナウイルス感染症対応が，不登校やいじめの問題，学力保障，オンライン授業等ICT化の加速など，従前と比較にならないほど，教師の業務量と心理的負担を増加させた。それらは，複雑に絡み合って起きる事象である。

　特にいじめや自殺防止の取り組みは，多職種との連携を念頭においたチーム学校が機能することが期待される。いじめ防止対策推進法が施行された2013（平成25）年以降もいじめに関係した自殺事件はなくなっていない。一番の課題は新型コロナウイルス感染症の拡大に伴い，小中高生の自殺が増加していることである。

　いじめの早期発見・早期対応ができない要因の一つが学校内の教師での「情報共有」不足である。担任や学年教師間，校長等との情報が共有されないまま，いじめは進行し，最終的には被害者を自殺へと追い込んでいるとの指摘もある。2022（令和4）年度の小中高生の自殺者数は514人であり，年々増加しており，緊急の対応が必要である。

　SCは教育法規・教育制度と教育現場の状況，そして，新型コロナウイルス

感染症の対応を理解した上で，心理の専門的サービスを教師や児童生徒・保護者に提供することが求められる。

II 教育課題とその対応

1．子どもの貧困と虐待の問題

2021（令和3）年における経済的に厳しい家庭で育つ17歳以下の子どもの割合を示す「子どもの貧困率」は11.5％であり，およそ10人に1人は経済的に厳しい状況におかれている（厚生労働省，2023）。また，全国の児童相談所での児童虐待相談対応件数は，2022（令和4）年度は過去最多の21万9,170件になり，年々増加傾向にある（こども家庭庁，2023）。さらに，新型コロナウイルス感染症の拡大で，自宅にいる期間が長くなったこと等から，児童虐待の実数は増加していると考えられる。文部科学省（以下，文科省と略記）は家庭教育支援チーム[注1]等と子育て支援等の福祉関係機関等連携体制プラットフォームをめざし，訪問型家庭教育支援の推進を図っている。子どもの貧困・虐待の問題は，心理的問題にとどまらず，子どもの進路の問題や虐待の世代間伝達という長期的な社会の問題の根幹となる可能性が高い。児童生徒が抱える問題は，生物・心理・社会モデルで見立てていくことが必要であり，教師・心理職・福祉職と連携しながら，アウトリーチも含めて長期的にサポートしていくことが求められている。その中で優先される課題である虐待死を防ぐために最も重要なことは，各機関と専門家の「子どもの生命を守る」という覚悟と，警察も含めた機関との即時的な情報共有と具体的な連携である。

2．全国学力・学習状況調査の結果から

文科省は，2007（平成19）年度以降毎年春に全ての小学6年生と中学3年生を対象に全国学力・学習状況調査を行っており，学力テストの結果と小中学生および保護者を対象としたアンケート調査の分析を行っている。全国学力テスト結果報告書によると，「保護者の収入や学歴が高いほど子どもの学力が高い傾向」が示されたが，「家庭の社会的経済的背景が厳しくても，『環境』によってのみ学力が決定されるのではなく，不利な環境を克服し，高い

注1）子どもたちの健やかな育ちを支え，すべての保護者が安心して家庭教育を行うことができるよう，地域において主体的に家庭教育支援の取組を行う。文科省「家庭教育支援チーム」登録制度について（要綱）令和5年5月9日最新改正。

学力を達成している児童生徒も一定数存在すること」が示唆されている（耳塚，2014）。学校風土と子どもの学力との関係として，継続的に高い学力をマークする学校の特徴には，「家庭学習習慣の定着と家庭への啓発，一人も見落とさない個別指導」「若手とベテランが学び合う同僚性と学校の組織的な取組み」などがある。また，「①熱意をもって勉強している，②授業中の私語が少なく，落ち着いている，③礼儀正しい，④学級やグループでの話し合い等の活動で自分の考えを相手にしっかりと伝えることができている，⑤学級やグループでの話し合い等の活動で，相手の考えを最後まで聞くことができている」などの基本的な生活習慣が身についていると捉えている学校では，そうでない学校よりもペーパーテストの結果が高くなっている。これは，子どもの高い学力を保障するためには，安定した学級経営が重要であることを示唆している。

　また，高い学力の児童生徒の保護者は，「規則的な生活習慣を整え，文字に親しむよう促し，知的な好奇心を高めるよう働きかけて」おり，「毎日子どもに朝食を食べさせている」「子どもに本や新聞を読むようにすすめている」「子どもが小さいころ絵本の読み聞かせをした」「計画的に勉強するよう子どもに促している」「PTA活動や保護者会等によく参加する」等の行動をとっていることが明らかになっている（文部科学省，2018）。

　2019（令和元）年度，全国学力・学習状況調査は感染症の影響で中止となり，2021年度に2年ぶりに実施された。学力と休校との相関は見出されなかったが，「学校に行くのが楽しい」と答えた小学校6年生が48.6％とはじめて5割を切った。これは，運動会等の学校行事の中止や延期・縮小，学校においてもソーシャルディスタンスや黙食が求められるなど，児童生徒間のコミュニケーションの場と時間が少なくなったことが要因として考えられる。

　以上は学力向上のための学級経営と家庭教育の具体的な方法のヒントになる。そこで，SCが学級経営・学習支援に関わる際に理解しておくと役立つことを心理学的知見と併せて考えてみよう。

　マズロー（Maslow, A. H.）の欲求階層説では，①生理的欲求（食欲・睡眠等），②生命と安全の欲求（自分の体と心の安全），③愛情と所属の欲求（家庭・学級の所属感・安定した人間関係），④承認と尊重の欲求（他者に認められる・自分が大切だと思う），⑤自己実現の欲求（自分のやりたいことを実行する）の5段階があり，低次の欲求が満たされてから，高次の欲求が満たされると仮定した。①，②が満たされていない場合は，ネグレクト等の虐待の

家庭環境の問題が想定される。この場合には，スクールソーシャルワーカー（SSW）等との連携が必要である。③，④は，家庭や学級経営の問題が想定される。学級での所属感がなければ，学校に行く気持ちは低減されるであろう。児童生徒の学習の最終的な目標は自己実現である。文科省調査（2016a）によれば，日本の児童生徒の自己肯定感は，学年が上がるにつれて低くなり，先進国や近隣諸国と比較しても低いことが指摘されている。また，「将来の夢や目標を持っているかの問い」の答えは，小学校6年生で2019年度よりも5.7％減少して60.2％，中学校3年生では4.4％減少して，40.5％であった。これは，家庭や学校教育の根底に「叱る文化」があることが一つの要因としてあるのに加え，新型コロナウイルス感染症の影響が考えられる。「主体的に学ぶ児童生徒の育成」のためにも，「ほめる文化」への転換が求められる。このような点において，特にSCは教師に対して学校文化を理解し，学級経営の視点も踏まえたコンサルテーションを通じて③，④の欲求を充足すること，さらにほめる文化への転換に寄与する必要がある。

3．学級経営の視点

（1）学級集団と学級崩壊

　日本の学級集団は，最低一年間はメンバーが固定され，学習だけではなく，給食・清掃・休み時間等の生活も一緒に行われる。小学校の場合は，担任が教科・道徳・特別活動等，ほとんどの授業を担当し，生徒指導も行う。中学校・高校になると教科担任制となるが，児童生徒の「所属感」や「いじめ・不登校」「学力向上」は教師の学級経営の力量が大きな影響を与える。河村（2010）は日本の教師が考える望ましい学級集団の要素を，①集団内の規律・共有された行動様式，②集団内の子ども同士の良好な人間関係・役割交流だけではなく，感情交流や内面的な関わりを含んだ親和的な人間関係，③一人ひとりの子どもが学習や学級活動に意欲的に取り組む習慣，同時に，子ども同士で学び合う姿勢と行動する習慣，④集団内に，子どもたちの中から自主的に活動しようとする意欲と行動するシステムの4点であることを導き出している。しかし，望ましい学級の状態と現状では，大きな乖離がある。学力向上も不登校・いじめ・学級崩壊等の問題も学校臨床上の基盤は学級経営にある。そこで，SCには学級経営および授業力に対するコンサルテーションの視点とスキルが必要である。

　学校教育は学習指導と生徒指導が両輪である。生徒指導提要（改訂版）（文

科省 2022［令和 4］年 12 月）によれば，「生徒指導とは，児童生徒が，社会の中で自分らしく生きることができる存在へと，自発的・主体的に成長や発達する過程を支える教育活動のことである。なお，生徒指導上の課題に対応するために，必要に応じて指導や援助を行う」，「生徒指導は，児童生徒一人一人の個性の発見とよさや可能性の伸長と社会的資質・能力の発達を支えると同時に，自己の幸福追求と社会に受け入れられる自己実現を支えることを目的とする」とされている。しかしながら，教師の指導が困難な場合，学級崩壊に至る。学級崩壊は，いじめ・不登校・学力低下・保護者のクレーム，教師のうつ病等，あらゆる学校臨床問題が顕在化する事象である。「学級崩壊」は，「子どもたちが教室内で勝手な行動をして教師の指導に従わず，授業が成立しない等，集団教育という学校の機能が成立しない学級の状態が一定期間継続し，学級担任による通常の方法では問題解決ができない状態に立ち至り，学級がうまく機能しない状況」である。学級崩壊の調査は近年行われていない。しかし，文科省の調査によると，2022（令和 4）年度の小・中・高等学校における，暴力行為の発生件数は 95,426 件であり，児童生徒 1,000 人当たりの発生件数は 7.5 件である（文部科学省，2023）。特に小学校の暴力行為の発生件数が多いことから小学校の学級崩壊は増加傾向にあると推察される。学級崩壊に対しては，児童生徒が安心して学ぶことができる場を学校内に確保し，SC・SSW 等と連携しながら，学校が最大限の努力をもって指導を行うことが求められる。

（2）懲戒と出席停止

いじめや暴力行為等の性行不良であって他の児童生徒の教育に妨げがあると認められる児童生徒があるときは，市町村教育委員会が，その保護者に対して，児童生徒の出席停止を命ずることができる。この出席停止制度は，懲戒ではなく，学校の秩序を維持し，他の児童生徒の義務教育を受ける権利を保障する観点から設けられている。2022（令和 4）年度の性行不良による出席停止は，小学校 1 件・中学校 4 件の計 5 件である（文部科学省，2023）。出席停止制度はあらゆる指導を試みても改善しない時に慎重に行われるべきであるが，やむを得ない場合は最終的手段として行使されてもよいのではないかと考える。

表 1 は，懲戒・体罰と出席停止の概要をまとめたものである。懲戒には，児童生徒への叱責や起立をさせたり，罰として清掃をさせたりする「事実行為としての懲戒」と「退学・停学の法的効果を伴う懲戒」がある。学校教育

表1　懲戒・体罰と出席停止の概要一覧

項目	概要	法的根拠	内容		適用者
（1）懲戒	①事実としての懲戒	学校教育法第11条	叱責・起立・罰当番等		校長・教員
	②法として懲戒	学校教育法施行規則26条	退学・停学・訓告		校長
（2）体罰		学校教育法第11条ただし書さ	身体に対する侵害（殴る・蹴る等），肉体的苦痛を与える懲戒（正座・直立などの姿勢の長時間保持等）。目的，態様，継続的時間等から判断して，教育的指導の範囲を逸脱しているかの判断。ただし，体罰を加えることはできない		校長・教員
（3）退学と停学の運用			退学	停学	
	①公立小中学校・義務教育学校	学校教育法施行規則第26条第2項	×	×	校長
	②国・私立小中学校	同上	○	×	校長
	③中等学校	同上	○	義務教育課程×	校長
	④高等学校	同上	○	○	校長
（4）出席停止	①性行不良による出席停止	学校教育法第35条	性行不良であって他の児童の教育に妨げがあると認めるときは，その保護者に対して，出席停止を命じることができる		教育委員会が命じる（校長に補助執行・委任可能）
	②性行不良の要件	同条第1項	「①他の児童に障害・心身の苦痛又は財産上の損失を与える行為，②職員に傷害又は心身の苦痛を与える行為，③施設又は設備を損壊する行為，④授業その他の教育活動を妨げる行為」のうち，一または二以上を繰り返して行う		校長が報告し，教育委員会が命じる。必要に応じて警察や児童相談所等の関係機関と連携を図る
	③感染症による出席停止	学校保健安全法第19条	校長は，感染症にかかっており，かかっている疑いがあり，又はかかるおそれのある児童生徒等があるときは，政令で定めるところにより，出席を停止させることができる		校長が命じる
	（感染症の種類）	学校保健安全法施行規則第18条	第1種・エボラ出血熱・痘そう等，第2種・インフルエンザ・百日咳・麻疹・風疹等，第3種・コレラ・腸チフス・その他の伝染病		
（5）学校の休業	④感染症による学校の休業	学校保健安全法第20条	学校設置者は，感染症の予防上必要があるときは，臨時に，学校の全部または一部の休業を行うことができる		学校設置者

法施行規則第26条において，「校長及び教員が児童等に懲戒を加えるにあたっては，児童等の心身の発達に応ずる等教育上必要な配慮をしなければならない」と規定し，「懲戒のうち，退学，停学及び訓告の処分は，校長が行う」が，退学・停学は義務教育段階に在籍中の児童生徒にはできないとしている。

　学校教育法第35条に公立学校における出席停止制度は「市町村の教育委員会は，性行不良であって他の児童の教育に妨げがあると認める児童があるときは，その保護者に対して，児童の出席停止を命ずることができる」と規定されている。教育を妨げる行為とは，「①他の児童に傷害，心身の苦痛又は財産上の損失を与える行為，②職員に傷害又は心身の苦痛を与える行為，③施設又は設備を損壊する行為，④授業その他の教育活動の実施を妨げる行為」の4つであり，「市町村の教育委員会は，前項の規定により出席停止を命ずる場合には，あらかじめ保護者の意見を聴取するとともに，理由及び期間を記載した文書を交付しなければならない」としている。児童の学習権の保障のために，「市町村の教育委員会は，出席停止の命令に係る児童の出席停止の期間における学習に対する支援その他の教育上必要な措置を講ずるものとする」としている。

　SCの役割として，学級が荒れている状況が想定される時は，当該学年・学級の教師に対する学級経営の助言・支援，出席停止を受けた児童生徒および保護者の心のケアが求められる。さらに，出席停止には感染症による出席停止制度があることも理解しておきたい。学校保健安全法第19条に「校長は，感染症にかかっている，かかっている疑いがある，又はかかるおそれのある児童生徒等があるときは，政令で定めるところにより，出席を停止させることができる」としている。

　なお，新型コロナウイルス感染症による欠席は，「出席停止」扱い（2021（令和3）年文科省通知）となっている。オンライン授業を希望した場合は，「出席停止」扱いと「出席」扱いで地方自治体によって判断が分かれている。

（3）相性の合わない児童生徒への対応

　教師は30人程度の集団の指導を行う。児童生徒の中には，教師の指導方法・価値観・性格等と合わない者もいる。ローゼンタールら（Rosenthal, R. & Jacobson, L., 1968）は実験によって，教師が期待する子どもは学力が伸びるが，期待しない子どもは伸びないことを導きだし，ピグマリオン効果（教師期待効果）と名付けた。教師は公平・平等に児童生徒を指導したいという信念がある。だからこそ，失敗をした子どもを叱り励まそうとする。しかし，

児童生徒からみると叱られたことに焦点化される。特に教師と相性が合わないもしくは，指導が難しいと思った児童生徒に対しては，児童生徒の行動にすぐに反応せずに見守ることが必要であろう。このような教師と相性が合わないと考えられる児童生徒に対して，SCがチームの一員として貢献できることは多いだろう。特に発達障害と思われる児童生徒に対しては，SCは授業観察等を行い，行動記録表を作成して応用行動分析等の心理学的知見を使って，児童生徒への対応の方法を助言することが求められる。発達障害のある児童生徒は叱られることによって注目賞賛欲求が満たされ，また，同様の行動を行う可能性が高いからである。また「叱られた」という感情面に注意が焦点化されてしまい，自身の行動，他の生徒や教師への注意が向きづらくなる可能性も高い。そのためよいことをした時，適応的な行動をした時などにほめることが効果的である。

（4）学力向上の心理学的視点

教師の専門性を担保するものは，授業力である。2020（令和2）年から改定された学習指導要領では，「知識の理解の質を高め資質・能力を育む『主体的・対話的で深い学び』」を重視し，全ての教科等を「①知識及び技能・②思考力，判断力，表現力等・③学びに向かう力，人間性等の三つの柱」で再整理している。授業においては，知識注入型の授業ではなく，アクティブラーニング型（学習者の能動的な参加を取り入れた授業，学習法の総称）を推奨している。グループディスカッションやディベート等を取り入れることで，課題を発見し，その課題を解決していく拡散的思考による創造的な思考方法を学ぶことによって，学習そのものを楽しく学べることが，新しい社会を主体的に生きていくためには求められている力である。アクティブラーニングを取り入れた授業によって，新しい気づきが生まれ，そのことを教師や学級で認められることによって，自己効力感が高まると言える。

教育内容の主な改善事項のうち，その他の重要事項として，「子どもたちの発達の支援（障害に応じた指導，日本語能力等に応じた指導，不登校等）」があげられており，「学級経営や生徒指導，キャリア教育の充実について，小学校段階から明記（小中：総則，特別活動）」，「特別支援学級や通級による指導における個別の指導計画等の全員作成，各教科等における学習上の困難に応じた指導の工夫（小中：総則・各教科等）」「日本語の習得に困難のある児童生徒や不登校の児童生徒への教育課程（小中：総則），夜間その他の特別の時間に授業を行う課程について規定（中：総則）」などが盛り込まれている

（文部科学省，2017）。

　以上のことを踏まえると，SCには教師の授業力・個別指導・障害のある児童生徒への個別指導についての心理学に基づいた助言，協働して活動する力が求められる。

　ブルーナー（Bruner, J. S.）によれば，「児童生徒が学習に取り組む望ましい姿としては，自分自身の力で疑問をもち問題を解決する知的好奇心を育てる」ことによって内発的動機付けを高めることができ，他者が指導しなくても自ら進んで学習することができることとしている。また，学習に対して意欲がない場合でも，きっかけとして，賞罰や競争等の外発的動機付けがあり，学習することが楽しくなれば，内発的動機付けに変化する。しかし，内発的動機付けが高く学習している児童生徒に，金銭等の報酬を与えると内発的動機付けが低下するアンダーマイニング効果が起こることがデシとライアン（Deci, E. L. & Ryan, R. M.）によって確認されている。ただし，信頼関係がある人からの「ほめる言葉」は内発的動機付けを高める。これをエンハンシング効果という。信頼関係が構築されている教師からの罰や叱責は，時と場合によっては一定の効果はあるが，継続的に叱る・罰があることが続くと「自分の力では今の状況を変えることができない」と思い込み，やる気のない「学習性無力感[注2)]」の状態になる。デシとライアンの自己決定理論である「行動に対して自律的であることが高い方が有能感や学習意欲が高まり，精神的健康がもたらされる」という考え方に立てば，宿題も学級全員に一律に課すよりも，児童生徒のレディネス[注3)]と意欲に応じて，個別に選択させることが有効である。

　自分の成功や失敗の原因を何に求めるかという「原因帰属」の考え方に立ったとき，学習性無力感が強い児童生徒は，その原因を自分の能力が足りないことと考え，自己効力感が高い児童生徒は，「努力が足りない」と考えて，「次はもっと努力しよう」とする。例えば発達障害のある児童生徒は，その特性から学習や生活面について，叱責されることが多く，やる気を失う等の二次障害をもつことがある。小さな目標を自分で作らせ，スモールステップで

注2）自分の行動が結果を伴わないことを何度も経験していくうちに，やがて意欲がなくなり，結果を変えられるような場面でも自分から行動を起こさない状態のことである。
注3）学習が成立するときに必要な「前提となる知識や経験など」，「心身の準備性」を意味する。レディネスがない場合は新しい学習は習得しにくい。例えば割り算を学習する場合は，九九を覚えていることが，レディネスには必要である。

小さな成功体験をさせ，それを具体的にほめることで，やる気が起きるようにすることが大切である。

　授業方法や児童生徒の宿題について考えたい。授業については，「深い学び」を行うことが推奨されているが，「単に知識を記憶する学びにとどまらず，身に付けた資質・能力が様々な課題の対応に生かせることを実感できるような学び」としている（文部科学省，2016b）。知識伝達型ではなく，文脈に即した状況的学習がこれからのカリキュラム・マネジメント[注4]や授業方法には求められている。クロンバック（Cronbach, L. J.）が提唱した「適性処遇交互作用」（ATI：Aptitude-Treatment Interaction）は，学習者の適性と処遇が互いに影響を与え，学習成績を規定するという考え方である。「適性」とは，学力や既有知識・性格・態度・興味・感心・学習スタイルであり，「処遇」は，指導方法・課題・関わり方・カリキュラム・学習環境である。授業は，学級集団の特性によって，講義型と対話・体験型で効果があがる方法を選択することが必要である。原則は，児童生徒の興味関心を引き出しできたことをほめることであるが，消極的な学級集団であれば，講義型をベースに，積極的な学級集団であれば，対話・体験型をベースにした授業展開を考えていくことで学習効果は期待できる。なお，ATIの考え方は，個別学習においても応用できる。

III　教師のメンタルヘルスと不祥事の問題

1．教師のメンタルヘルスとその予防

　メンタルヘルスには，①心を健康に保ち，より生きがいのある生活を送ること，②うつ病等の精神疾患（心の病）を治療する精神保健という2つの意味がある。メンタルヘルス・マネジメントには第一次予防（精神疾患の予防と心の健康増進），第二次予防（精神疾患の早期発見と対処），第三次予防（治療と職場復帰・再発防止）の3つのフェーズがあり，セルフケア（教師個人）・ラインケア（管理監督者）・人事労務管理（組織全体のケア）で行う。ストレッサーの要因として，教師の個人要因としての職務適性・職場適性が，社会的要因としての周辺職務の負担増・多忙感・同僚性・校長のリーダーシップがあげられる。緩衝要因としてはポジティブなソーシャルサポートが重

注4）学校教育目標の実現に向けて，子どもや地域の実態を踏まえ，教育課程（カリキュラム）を編成・実施・評価し，改善を図る一連のサイクルを計画的・組織的に遂行していくことであり，そのために必要な準備を行うことである。

要である。「ソーシャルサポート」とは，心理的苦悩や葛藤を抱える個人に対する援助的働きかけであり，情緒的サポート（例：共感やはげまし）・道具的サポート（例：具体的な方法の提供）等がある。

　過度で持続的なストレスに対処できず，極度の身体疲労と感情の枯渇を伴う症状に至ることを「バーンアウト」という。①情緒的な消耗感（疲れ果てて何もしたくない感情），②脱人格化（人間性を欠く感情や行動），③個人的達成感の欠如（仕事ができないという気持ちになり，自尊感情の低下とともに達成感の感情が低下する）ものであり，教師や看護師等の「感情労働者」に多いと言われている。

　「一人で抱え込まず，些細なことも話し合える」開かれた教師集団が，メンタルヘルスを健康に保つこと，さらにはバーンアウト予防には重要である。また，SC はチームの一員として，日常的に教師と会話をすることで，教師の教育上の困り感やストレス度を把握し，ストレスマネジメント研修等を行うこと，またこういった活動を通して開かれた教師集団へ寄与することが必要である。また，部活動の外部人材の委託，事務処理の軽減など多忙な教師の業務量の軽減を行うとともに，効率的・効果的な仕事の方法の助言も今後は SC に求められる。

2．教師の不祥事とその予防

　教師へのコンプライアンス研修を継続的に実施しているにもかかわらず，体罰・わいせつ事案が発生している。教師の不祥事を行為別に分類すると，（1）わいせつ事案［①わいせつな行為（児童生徒や 18 歳未満の者とのわいせつな行為等）②盗撮・下着窃盗］，（2）飲酒関連事案［①飲酒運転②飲酒後のトラブル］，（3）体罰，（4）交通事故，（5）情報関連事案［① USB メモリの紛失② SNS 等での中傷行為の拡散］，（6）財物の窃取［①窃盗・万引き②公金横領・手当の不正支給］，（7）その他［①事務処理遅滞・文書偽造②銃刀法違反③建造物侵入④ストーカー関連⑤薬事犯人（大麻・覚醒剤等の所持や使用）⑥ドローン等機器（ドローンを飛行禁止区域で飛ばす）⑦賭博］に分けられる。

　表2は不祥事が起こった場合の刑法や条例による処罰と教育委員会等任命権者が行う懲戒処分を示している。体罰等で児童生徒等の被害者への慰謝料が発生した場合，体罰等の事案を起こした教師に対して，損害賠償責任が発生することにも留意しておきたい。不祥事が起こると，学校の信頼が著しく

表 2　不祥事が起こった場合の刑法・条例・懲戒処分

懲戒処分	逮捕され懲役又は罰金（状況による）
<体罰> ・免職（体罰により重大な負傷） 　※考慮事由があるものは，停職・減給 ・免職・停職・減給（体罰により負傷） ・停職・減給・戒告（体罰） <わいせつ行為> ・免職（児童生徒，幼児に対する淫行又はわいせつ行為） ・免職・停職・減給・戒告 　（児童生徒，幼児に対するセクハラ行為） <個人情報流出・紛失> ・戒告 ※個人的に利用する等不当な目的に使用したものは，免職・停職・減給 ※秘密漏えいしたものは，免職・停職・減給・戒告	<体罰> ・傷害罪：15 年以下の懲役又は 50 万円以下の罰金 ・暴行罪：2 年以下の懲役又は 30 万円以下の罰金 <わいせつ行為> ・相手の同意，承諾の有無，対価の授受の有無を問わない（相手が 16 歳未満の場合，不同意性交等罪，不同意わいせつ罪となる） <個人情報流出・紛失> ・1 年以下の懲役又は 50 万円以下の罰金 ・地方公務員法第 60 条第 2 号 ・個人情報保護条例
被害者への慰謝料等の損害賠償責任	

注）岡山県総合教育センター「教職員の不祥事防止やコンプライアンス意識の高揚に向けた様々な研修ツール」を基に，福岡市教育委員会が分類したものである。

低下すると同時に，児童生徒や保護者への説明，事象によっては，児童生徒の聞き取り調査や教育委員会への報告書作成等教育活動への心理的・時間的影響は計り知れない。教師の不祥事対応も，予防に時間と労力をかけることが重要である。

　学校現場特有の不祥事である体罰について考えたい。学校における懲戒は，児童生徒を叱責・処罰することである。学校教育法第 11 条において，「校長及び教員は，教育上必要と認められるときは，文部科学大臣の定めるところにより，児童，生徒，及び学生に懲戒を加えることができる。ただし，体罰を加えることはできない」と規定している。

　文科省は 2012（平成 24）年に起きた大阪市桜宮高校での部活動顧問による体罰を受けた生徒の自殺事件を契機として，2013（平成 25）年度から「体罰の実態把握」の集計を始めた。発生件数は，2012・13 年度は急増したが，14 年度以降は減少傾向にある。しかし，2020（令和 2）年度の国公立・私立の小学校から高校までの体罰は，被害者児童生徒数は 485 人（前年度 685

一次予防（未然防止）

研修が中心となる部分，自覚の向上，環境の整備など

・ロールプレイング等による体験的な研修，被害者や加害者の手記等の活用
・学校現場の特性の理解（高リスクな環境）
・発覚リスクの認知（エスカレート→発覚リスクの上昇 〝必ず発覚）
・校内環境の整備（密室となり得る要因の除去等）
・校内ルールの児童生徒・保護者への周知，児童生徒の相談窓口の設置
・**自分自身にも，自分の周りの人にも関心を持つ　など**

二次予防（変化の兆候への気付き，早期対処）

個別的な関わり（周囲が気付く），組織的な関わり（定期的な確認等）など

・**管理職や同僚の気付き，管理職への迅速な報告（仲間を守るという意識）**
・校内ルールの徹底・確認（定期・不定期に）
・類似事例やヒヤリ・ハット事例の共有（事前の対策へ）など

三次予防（再発防止）

当事者へのフォローアップ

⇒原因に応じた効果的な対策を，一体的に働かせていくことが必要

※岡山県教育委員会「教職員の不祥事防止に向けた　新たな研修プログラム」研修資料より抜粋

図2　様々な次元の不祥事防止対策

人）である（文部科学省，2021）。体罰に頼らない教育の方法とは何か，体罰によって児童生徒がどのような影響をうけるのか，さらには，不祥事を起こしたときには，教師にどのような処分があり，今後の人生にどのような影響があるのかを，SC は心理学的知見から助言していく必要性がある。

　不祥事防止対策にも，一次予防（未然防止），二次予防（変化の兆候への気づきと早期対処），三次予防（再発防止）がある（図2参照）。SC は，教師の不祥事の内容およびその結果どのような責任を負うのかを把握しておき，一次予防でのロールプレイを用いた研修会の実施や事案が生じたときの対応について理解しておくことが求められる。

IV　学校臨床問題・教育課題に SC が向き合うために

　現行の週1日程度の勤務日数では難しいが勤務日数が増えることによって，臨床心理士・公認心理師などの SC はチーム学校の心理専門職として，教育課題対応コーディネーターとしての役割が期待される。SC が学校コミュニティにコミットしていくためには，学校組織文化のあり様を理解し，教師集団の特徴を踏まえた上で関係性をアセスメントすることが必要である。

　これまで述べてきたような現在の教育課題に対応するためには，スクール

カウンセリングも個別面接の視点のみで活動を展開するのではなく，コミュニティ・アプローチの視点で活動を展開していくことが求められている。SCは不登校やいじめの問題等個別的な事象での「心の専門家」であるという認識でいるだけの場合も多い。学校を基盤とした地域コミュニティ作りの一員であるという認識が，SC自身と学校側に不足していることにも関係がある。チーム学校が求められる背景として，いじめ・不登校・特別支援教育等をはじめとして教育現場が複雑化・多様化した現状がある。さらに，新型コロナウイルス感染症によって，緊急事態宣言が何回も出された中で，教育現場のあり様，子どもたちや教師の心理的負担は加速度的に変容している。一方，オンラインを活用した教育体制の定着化によって，不登校児童生徒の支援の在り方に新しいツールが増えたことも事実である。臨床心理士・公認心理師をはじめとするSCは日々変化する教育現場の状況を理解し，教師と連携をとることが従前以上に求められている。

　また教師のみならずSSWや，児童相談所や病院・警察などの外部の専門機関と連携してコーディネーターやオーガナイザーの役割を担うことが，学校現場の厳しい状況を改善するための有効な対応となる。そのためには，福祉や医療機関等の法律・制度の知識や多職種との関係性が求められるだろう。

初　　出
野島一彦・繁桝算男（監修），石隈利紀（編）（2022）公認心理師の基礎と実践⑱―教育・学校心理学　第2版．遠見書房．

引用・参考文献
池田浩（2021）モチベーションに火をつける働き方の心理学．日本法令．
河村茂雄（2010）日本の学級集団と学級経営―集団の教育力を生かす学校システムの原理と展望．図書文化社．
こども家庭庁（2023）令和4年度　児童相談所における児童虐待相談対応件数（速報値）．https://www.cfa.go.jp/assets/contents/node/basic_page/field_ref_resources/a176de99-390e-4065-a7fb-fe569ab2450c/12d7a89f/20230401_policies_jidougyakutai_19.pdf
厚生労働省（2023）2022（令和4）年　国民生活基礎調査の概況．https://www.mhlw.go.jp/toukei/saikin/hw/k-tyosa/k-tyosa22/index.html
増田健太郎（2018）教育分野における公認心理師の具体的な業務．In：野島一彦・繁桝算男（監修），野島一彦（編）：公認心理師の基礎と実践①―公認心理師の職責．遠見書房．
耳塚寛明（編）（2014）教育格差の社会学．有斐閣．
文部科学省（2001）出席停止制度の運用の在り方について（通知）．http://www.mext.

go.jp/a_menu/shotou/seitoshidou/04121502/013.htm

文部科学省（2016a）日本の子どもたちの自己肯定感が低い現状について.

文部科学省（2016b）幼稚園，小学校，中学校，高等学校及び特別支援学校の学習指導要領等の改善及び必要な方策等について（答申）. http://www.mext.go.jp/b_menu/shingi/chukyo/chukyo0/toushin/__icsFiles/afieldfile/2017/01/10/1380902_0.pdf

文部科学省(2017)幼稚園教育要領　小・中学校学習指導要領等の改訂のポイント. https://www.mext.go.jp/content/1421692_1.pdf

文部科学省（2018）. 保護者に対する調査の結果と学力等との関係の専門的な分析に関する調査研究. http://www.mext.go.jp/component/a_menu/education/micro_detail/__icsFiles/afieldfile/2018/07/10/1406896_1.pdf

文部科学省（2021）体罰の実態把握について（令和2年度）. https://www.mext.go.jp/content/20211220-mxt_syoto01-000019568_007.pdf

文部科学省（2023）令和4年度　児童生徒の問題行動・不登校等生徒指導上の諸課題に関する調査結果について. https://www.mext.go.jp/content/20231004-mxt_jidou01-100002753_1.pdf

中沢潤（編著）（2022）よくわかる教育心理学　第2版. ミネルヴァ書房.

Rosenthal, R. & Jacobson, L.（1968）*Pygmalion in the Classroom: Teacher Expectations and Pupils' Intellectual Development*. Holt, Rinehart and Winston.

佐藤由佳利（2018）教育分野に関係する法律・制度（1）基本編. In：野島一彦・繁桝算男（監修），元永拓郎（編）：公認心理師の基礎と実践㉓—関係行政論. 遠見書房.

露口健司（編）（2011）校長職の新しい実務課題—多様化・複雑化した教育課題への対応と校長実務の具体. 教育開発研究所.

善明宣夫（編著）（2013）学校教育心理学［改訂版］. 福村出版.

┌ コラム　ほめる学校文化へ転換するための学校長のリーダーシップ ┐

　2022年11・12月に行われたサッカーワールドカップの日本代表の試合をご覧になった方も多いと思う。強敵のドイツやスペインに逆転勝ちするなど，日本の活躍に感動した。森保一監督が率いる26名が一丸となったチームワークで戦った試合は，素晴らしいものがあった。また，2023年3月に行われたワールドベースボールクラシックでは，栗山英樹監督が率いる侍ジャパンが，世界に感動を与えながら，優勝した。あの森保一監督や栗山英樹監督のリーダーシップは，サーバント・リーダーシップである。

　サーバント・リーダーシップとは，部下を支配するようなものではなく「まず相手に奉仕し，その後にチームを先導するリーダーシップ」で，アメリカで提唱され，今世界に広がっている理論である。森保一監督や栗山英樹監督は，選手一人ひとりの個性と特性を把握し，一人ひとりとコミュニケーションをとり，選手からの提案もしっかりとチームの戦い方に取り入れていた。逆に，フ

ォロアーの意見も聞かず，トップダウンで行うことをヘッドシップという。

　サーバント・リーダーシップをより効果的に発揮するために，仕事の意味を問い直す「ジョブクラフティング」という考え方がある。働く個人が主観的・主体的に，仕事に新たな意味を見出したり，仕事内容の範囲を変えたりすることである。

　さて，学校現場を想像してみよう。先生たちは多忙で，自分の教師としての意味付けや立ち位置を確認できないまま，仕事に追われているのが現状かと思う。そもそも教師になった理由さえも忘れているかもしれない。学校長のリーダーシップの役割は，先生たちとコミュケーションをもち，改めて「教師の仕事内容や方法」「仕事の意義・捉え方」「子どもや他の教師との人間関係」を捉えなおすようにすることである。では，具体的にはどうしたらよいのか。

　ある企業のコールセンターの受付業務での実験が参考になる。コールセンターの仕事はある意味単調であり，クレームもあり，精神的にはきついものがあるため，離職者も多く，職場環境がよいとは言えない。そこで，職場の上長は，一人ひとりにその日にあったネガティブなことを聴き，よいところを返すようにした。また，４人グループで週に１回，お茶を飲みながら 30 分間，シェアリング（情報と情緒の共有）を行った。１年間続けると，スタッフは自分の仕事の意味を理解し，主体的に働くようになって，離職者は激減したそうである。

　これは，学校現場でも応用できる。まず，学校長が校内を回った後，先生たちのよかったところをできるだけ具体的にほめ，学級の子どものよいところをフィードバックする。また，週に１度，各学年でシェアリングを行い，よいところをお互いにフィードバックする時間を設けるのである。「この多忙な学校現場でそんなことはできない」と言う声が返ってきそうであるが，多忙だからこそ，シェアリングの時間やほめ合うことが必要である。内田クレペリン検査でも，休憩をとった後に作業効率が上がることがよく知られている。また，ほめ合うことで人間関係が改善することは，日ごろの現場での経験から学校の先生たちが一番わかっている。小学校で行われているグループでのほめ合う「ほめほめシャワー」のエクササイズは，企業や公務員向けの研修会で筆者も行うが，大変好評だ。先生自身が学校長や他の先生からほめられることで，自尊感情が高まり，子どもたちに心のゆとりをもって接することができる。

　コロナ禍以降の時代の教育は従前以上に大変難しい。学校長のサーバント・リーダーシップと学校で災害や事件など危機的場面に遭遇した時などの緊急時におけるトップダウンのリーダーシップの両面がとても大切である。

第2章

教育相談機能とは何か

I 教師のコミュニケーション

　教師は児童生徒，保護者，上司，同僚，地域，業者等，多様な相手とのコミュニケーションが求められる。表1は，教師のコミュニケーションを対象・内容・方法別にまとめたものである。児童生徒に対しても，教科指導においては指導・対話やファシリテーション等，双方向性の多様なスキルが必要である。一方的な指導型だけでは，現在求められている授業目標は達成されないばかりか，学級崩壊につながりかねない。

　なかでも，大切なコミュニケーションは，受容と共感をもって話を聴く態度である。「きく」には，3つの種類がある。ただ単に話を「聞く」，質問を想定して「訊く」，相手の気持ちを受け止めながら「聴く」である。教育相談は，生徒指導の一部であるが，教育相談においては，受容と共感を大切にしながら，相手の話を「聴く」態度が一番大切である。また，この「聴く」態度は，授業中や保護者との面談においても有用である。頷きながら聴いてもらえると，安心して話すことができ，信頼関係も増すのである。この聴く態度は，教育相談や授業の児童生徒とのコミュニケーションなど様々な場面に求められる。

　学校を訪問した際に授業参観をする機会も多いが，授業がうまくいっている教師は，声が大きい「指導型」の教師か，声が小さくても児童生徒の話を「聴く」教師のどちらかの場合が多い。よく教師は声が大きい方がよいと言われるが，実は，小さな声でもしっかりと児童生徒の話を聴くことを基盤にした学級経営が理想的である。そのためには，児童生徒の発言はどんな意見でも，最後までしっかりと話を聴いて，コメントを返すことが大切である。その意味で，教育相談をする態度と授業をするときの態度は共通したものがある。

II 教育相談とは何か

1．教育相談とは何か

　文部科学省（以下，文科省と略記）の生徒指導提要（改訂版）では，生徒指導を「生徒指導とは，児童生徒が，社会の中で自分らしく生きることがで

表1　教師のコミュニケーションの種類

対象	内容	方法
児童生徒	教科	一斉方式
	教科	アクティブラーニング
	道徳	ファシリテーション
	英語・外国語活動	指導・対話
	学級・特別活動	指導・対話
	生徒指導	相談
		注意
		指導
	給食・清掃	指導
	朝・休み時間・放課後	対話
	面談	対話・受容と共感
教師	職員会議	報告・提案・協議
	学年会	報告・提案・協議・対話
養護教諭		報告・提案・協議
SC・SSW	コンサルテーション	報告・提案・協議・対話
保護者	懇談会	司会・対話
	家庭訪問	対話
	個人面談	対話
地域・業者		連絡・協議

きる存在へと，自発的・主体的に成長や発達する過程を支える教育活動のことである」とし，「生徒指導上の課題に対応するために，必要に応じて指導や援助を行う」こととしている。また，生徒指導提要（旧版）では教育相談について「児童生徒それぞれの発達に即して，好ましい人間関係を育て，生活によく適応させ，自己理解を深めさせ，人格の成長への援助を図るものであり，決して特定の教員だけが行う性質のものではなく，相談室だけで行われるものではない」としている。教育相談の目的は，児童生徒が将来において社会的な自己実現ができるような資質・能力・態度を形成するように働きかけることであり，この点において生徒指導と教育相談は共通している。ただ，生徒指導は集団や社会の一員として求められる資質や能力を身に付けるように働きかけるという発想が強く，教育相談は個人の資質や能力の伸長を

援助するという発想が強い傾向がある。学校教育相談は心理的問題行動を示す児童生徒へのカウンセリングと児童生徒全体の心の健康を促す予防開発的カウンセリングに分類できる。カウンセリングは，SC が行うことができる。学校教育相談は不登校児童生徒やいじめ問題・発達障害児に対応するために，必要不可欠である。しかし，多くの学校の現状として，本来の教育相談機能が十分に機能しておらず，全教師が一致して相談活動に取り組む校内体制としては依然不備な点が多い。また，教育相談体制があるといっても形式上あるだけで，全教師が一致して児童生徒に受容・共感的に関わり，教師同士も児童生徒の問題を共通理解して，教師全体で関わろうとする教育相談態勢が不十分な学校も多いと思われる。いじめ問題などが起きても，担任だけが情報把握し指導するだけで，同学年の教師や管理職などがその情報を知らないという場合もある。その理由として，①「教師の力量の問題」（多忙な職務の中で，教育相談を学ぶ機会が少ない），②「時間的問題」（多忙な職務の中で，教育相談の時間がとれない），③「教育相談が機能していない」（学校における教育相談の位置づけの曖昧さ），④「教職員同士のコミュニケーションの問題」の４点があげられる。

　このような学校の教育相談体制を支える役割を SC が担うことが考えられるが，学校臨床心理学を提起した近藤（1994）は，学校や教師に対する心理臨床家の援助として次の４つのレベルを提起している。

①子どもへの直接援助（学校からの依頼にもとづいて，子どもの心理診断，それにもとづき子どもに直接有効な方略を提案）
②子どもへの間接援助（主援助者としての教師を側面から援助）
③教師への直接援助（子どもに対する教師の援助能力全般を高める）
④学校システムへの援助（学校組織への介入と援助）

　SC が導入されたことにより①〜③は浸透しつつあるが，④の学校システムへの援助は，標準的な SC の勤務が週に１回という時間的な量の問題と学校のニーズおよび SC の意識や力量の問題もあり，浸透しているとは言えない。一方，最近では，児童生徒や保護者のカウンセリングや教師とのフォーマルなコンサルテーションだけでなく，「雑談や立ち話」と呼ばれるようなインフォーマルな対話の臨床的有効性が認知され始めている。このような点からは，教育相談はフォーマルな機能だけでなく，インフォーマルな機能両面

が重要であることが考えられる。

　さらに，学校心理学を体系的に示した石隈（1999）は３つのレベルで援助サービスを提示した。

　一次的援助サービスは「全ての子どもを対象とした，入学時の適応，対人関係スキル」への援助で，この中に授業も含まれるとした。二次的援助サービスは「一部の子どもを対象とした，登校しぶりや学習意欲の低下」などへの援助である。三次的援助サービスは「特定の子どもを対象とした，不登校，いじめ，LD（学習障害），非行」などへの援助である。

　以上のことから，教育相談は，「子どもの一人ひとりの発達援助を目的とした教師やSCが行う教育活動・相談活動およびそれを支えるフォーマルおよびインフォーマルコミュニケーションの総体である」と言える。

　コミュニケーションはその対象・内容・時間帯によって，フォーマルコミュニケーションとインフォーマルコミュニケーションに分類できる。フォーマルコミュニケーションは校務分掌組織に則った会議のコミュニケーションである。全職員が参加する職員会議や職員朝の会・終礼がそうである。テーマ研修・教育研修も全員参加が原則である。その他に，校務分掌の所属に従って，運営委員会（学校によって企画委員会など名称が異なる）や生徒指導委員会・テーマ研修委員会・学年会など組織運営・教務関係に関わる部会と予算委員会など庶務関係の部会がある。

　インフォーマルコミュニケーションには，時間帯で分類すると朝の学校到着後や勤務時間終了後の学校でのコミュニケーションや電話でのコミュニケーションなどがある。また，休憩時間などでの簡単な打ち合わせやプライベートな会話などもある。

　コロナ禍で，オンラインでの授業や会議を体験してわかったことは，知識や言いたいことは伝わるが，目的外のコミュニケーションがとれないために，伝えられたことの中で，わからないことを聞くなどしたりする深堀りができなかったり，雑談ができないために，相手がどのように感じているのかがわからず，情報が形式的に伝わるだけに終わり，情報伝達が不十分なことも多いということである。そんな中でも，インフォーマルコミュニケーションが十分に取れているのであれば，即時的・即事的に子どもの状況に対応することができる。

　現在の課題は，インフォーマルコミュニケーションはもちろんのこと，フォーマルコミュニケーションも十分に取れないほど，教師の仕事が多様化・

激務化していることである。

2．教育相談機能の調査から

　ここからは，2002（平成14）年度に筆者の実施した小学校・中学校の教師255名に学校の教育相談機能に関する質問紙調査と，教育相談担当教師に実施した面接調査について紹介する。質問項目33項目についての因子分析の結果が表2（pp.34-35）である。分析の結果，教育相談機能を促進する要因として，以下の7つの因子が抽出された。

（1）「学校の組織風土」（職場が温かくて支え合う風土・何でも話し合える雰囲気である・協働性の意識が高い・校務分掌がしっかり働いている）

（2）「コミュニケーション」（昼休みや放課後等他の先生といろいろなことを話す・同学年の先生と子どものことでよく話し合う）

（3）「管理職の相談対応」（校長と教頭が子どものことで相談にのっている）

（4）「教育相談的資質」（カウンセリングや心理療法の知識・学校内のいじめや不登校などの状況の認知・養護教諭との対話・子どもとの対話・遊び）

（5）「教育相談活動」（学校内にカウンセリングなど専門的な知識をもった先生の存在・教育相談の活動状況や不登校児童を学校全体で対応しているか）

（6）「子どもに対する悩み」（子どもの心や行動についての理解・悩み）

（7）「問題行動に対する意識」（いじめが起こった責任・その対応についてのこと）

　教育相談機能が高い群と低い群で比較すると，その要因は，「教師同士のコミュニケーションが多いこと」，「管理職の教育相談対応があること」，「教師に教育相談的資質があること」，「教育相談活動が行われていること」の4つが導き出された。
　教育相談機能が高い学校は，常に不登校やいじめについて情報を共有するとともに児童生徒の心理的な問題に対応していた。また，インフォーマルコミュニケーションの中でも情報共有がされており，SCの活用度も高かった。

　また，教育相談やカウンセリング・発達障害に詳しい教師で，なおかつ教師との関係性がよい教育相談の「プロ」がいると，情報共有や教育相談活動が活発になり，担任だけではなく，全校的に対応することが可能になっていた。現在であればSCやSSWなどより専門性の高い他職種とのつなぎ役になることも可能である。今後は公認心理師の資格をもった教師が教育相談活動のキーパーソンになることが望まれる。また，養護教諭は体の健康とともに心の健康についても一般的には意識が高い。さらに，健康診断などで全ての児童生徒に関わるために，児童生徒の情報を持っており，特に，保健室登校の児童生徒に直接的に関わることができる。養護教諭が教育相談のキーパーソンになっている学校は，教育相談が機能しやすい。

　しかし，その専門性をもった教師が転出すると，教育相談活動が停滞することがある。今後は，教育相談機能が個人の力量に依存しすぎるあまり停滞することがないように，各教師が教育相談の知識とスキルを学び続け，ウチに開かれた学校組織風土を創っていくことが求められる。

　教育相談担当としての悩みは，「忙しいので時間がない」ということが一番大きく，「多忙化」が一番の阻害要因だと言える。確かに，担当者が担任をもっている場合，勤務時間内に相談するのは難しい問題である。

　また，校務分掌の中に教育相談が位置づけられているかが，教育相談活動が機能するかどうかに大きく影響を与える。個人的に教育相談に関心・意欲があったとして，学校が組織で動く以上，校務分掌の中で位置づけされていなければ活動しづらいのはごく当然のことである。例えば学校の中に校務分掌上の教育相談部があると，年度はじめに，教育相談方案を出す中で教育相談についての理解を求めることもでき，また理解者が増えてくると具体的な活動の展開も重ねていくことができる。実質的に活動できるかどうかは，担当者の意欲と力量に関わってくる問題であるが，教育相談を校務分掌の中に位置づけることは，教師の意識に少なからず影響を与えていくことになる。それが，学校組織文化の中に，教育相談の意味が浸透していくきっかけとなる。

3．教育相談活動が機能するために

　教育相談機能は教師の中に「開かれた関係」があってはじめて機能する。さらに，先述した筆者の調査では管理職の相談的な対応が教育相談機能に大きな影響を及ぼし，校長・教頭の対応の差も影響を与えていることが示唆さ

表2　教育相談機能の因子分析の結果

	FAC.1	FAC.2	FAC.3	FAC.4	FAC.5	FAC.6	FAC.7
あなたの職場は温かくて支え合う風土がある	.7893	.2044	.0901	.0312	.2156	.0155	.0691
あなたの学校の職場は，何でも話し合う雰囲気である	.7384	.3147	.2003	-.0725	-.0451	.0927	.0599
あなたの学校の先生方はグループに分かれている弊害がある	-.6760	-.1002	-.1924	.0916	.2618	.1282	-.0562
あなたの職場は，教育活動において，協働性の意識が高い	.6695	.0574	.3184	.1531	.1999	-.0204	.1410
職員会などでは，職員の意見交流が活発である	.6451	.1879	.0318	.0914	.0082	-.1231	-.0535
あなたの学校は校務分掌機能がしっかりと働いている	.6429	.2732	-.0601	.1288	.1565	.0470	-.0733
学校全体で各学級の実態をよく知っている	.5471	-.0196	.2684	.4808	.1056	.0305	-.0348
あなたの学校は他の学級・学年に対して関心がうすい	-.5206	-.2753	-.0376	-.1115	-.2455	.0357	.1074
子どもの問題（いじめ・不登校）を学校全体でよく研修する	.4878	-.6727	.1456	.3492	.4064	.1476	-.1082
あなたは昼休み・放課後など他の先生といろいろなことを話す	.3391	.6783	.0013	.1795	.1329	.0906	-.0525
あなたは忙しくて，他の先生と子どものことを話す時間がない	.1510	.6044	.1325	-.0203	-.0558	-.4583	.0141
あなたは学級のことを他の先生には話さない	.1008	.5920	.0484	.0539	-.0739	.0734	-.0855
あなたは同学年の先生と子どものことでよく話し合う	.2081	.5681	.1237	.2935	-.2383	.3066	-.0079
あなたが子どもの問題で悩んだとき，相談できる先生がいる	.3284	.5669	.0835	-.0315	.2929	.0606	.0718
あなたの学校の先生たちは趣味の話等プライベートな話をよくする	.3245	.5342	.1130	.1106	.1603	-.1279	.0208
あなたは教頭先生に子どものことをよく相談する	.0833	.0955	.8019	.0086	.0739	.1834	.0999
教頭先生は子どもの問題のことで他の先生の相談によくのっている	.2968	.0411	.6963	-.0157	.1720	.0904	.0449
あなたは校長先生に子どものことでよく相談する	.1770	.1833	.5466	.3045	.1907	-.1073	.0206
校長先生は子どものことで他の先生の相談によくのっている	.1976	.1221	.5303	.2617	.2906	-.1616	.1044
あなたはカウンセリングや心理療法の知識・技法に詳しい	.0565	-.0102	-.0308	.6713	.0679	-.0577	.1812
あなたは他の学級の様子（いじめ・不登校）について知っている	.3330	.2265	.0508	.5655	-.0932	.0426	.1783
あなたは学級の子どもの話をよく聞いている	-.7980	.2411	.0771	.5428	.0339	-.3088	-.0568
あなたは養護教諭と子どものことについてよく話す	.0499	.3657	-.0795	.4467	.1042	.1147	-.0664

表2　教育相談機能の因子分析の結果（続き）

	FAC.1	FAC.2	FAC.3	FAC.4	FAC.5	FAC.6	FAC.7
あなたは学級の子どもとよく遊んでいる	.5290	-.0230	.2905	.4128	-.0500	-.3100	.1462
あなたの学校に，カウンセリングや心理療法に詳しい先生がいる	.0724	.0687	.1675	.0752	.7386	-.0940	.0945
あなたの学校の教育相談機能は目に見える形で活動している	.1584	.0524	.2226	-.0727	.6640	.1303	.1912
不登校・不登校傾向の児童は学校全体で対応している	.3635	-.0207	.3760	.2718	.4023	-.1220	.0279
あなたはこのごろ子どもの心や行動がよくわからないと思う	-.0209	-.0520	.0840	-.1476	.0217	.7016	-.1901
あなたは子どもの問題行動等でなやむことがある	-.0109	.2175	.0111	-.0367	-.0232	.6140	.1382
学級でいじめがおこるのは担任（あなた自身）の責任が大きい	-.0209	-.0333	-.0025	.0020	.1019	-.1161	.7942
「いじめの解決」は担任（あなた自身）の指導力が大きい	.0250	-.0557	.1452	.1912	.1493	-.0649	.6847
あなたは学校全体の子どもの問題行動が気になる	-.1186	.0498	.3523	.0541	-.0096	.3660	.5148
学級の児童に問題が起こった場合，自分自身で何とかしようとする	-.0157	-.1255	-.4077	.1058	-.0374	.3270	.4366

れた。教育相談担当教師は教師の相談に応じられない要因として，多忙，連携，教育相談の理解度の問題をあげている。また，管理職や各教師がもっている不登校・いじめ，発達障害に対する理解のずれがあることも多い。このずれを教育相談において，協働性へと転換させるためには，校長・教頭と教師との間，教師相互間で「インフォーマルコミュニケーション」が行われているかが重要になってくると考えられる。

　児童生徒の問題解決を目的とするコンサルテーションの場合，開かれた関係にある教師集団であれば，教師集団のキーパーソンとしての教育相談担当者や SC の力量が向上することによって，学校全体の教育相談機能が向上することになる。教育相談のキーパーソンの育成とともに，SC が教師全体の教育相談に対する認識を研修していくことが求められる。

4．「協働」「連携」について

　学校教育相談においても，不登校児童生徒など支援を必要とする生徒への対応は，養護教諭や校長・教頭とのウチの連携や専門機関等のソトとの連携が必要である。さらに，学校と SC との連携においても，「個別カウンセリングのクリニックモデル」から，「コミュニティモデル」への転換が求められて

いる。その鍵になるのは，「協働化」である。

　「共通理解→共通実践」「連携」「協働」は，学校現場においてよく用いられる用語である。教育活動は「協働」で行うことが前提になっているが，教師の関係性が十分でない場合は，話し合いや打ち合わせに多くの時間を費やすことになり，「多忙感」を感じることになるが，教師の関係性がよい場合は，打ち合わせや話し合いが短時間で行われ，「共通理解・共通実践」もスムーズに行われる場合が多い。また，何かあった場合は，すぐに話し合うことで，即時・即事の対応が可能である。ティームティーチングがその典型例であろう。教師2人の関係性がよければ，簡単な打ち合わせでスムーズな授業展開が可能になる。

　最後に，コミュニケーションの重要な要素である情報について，企業文化を分析した野中（1990）の考えをもとに考察する。

　情報には「意味的側面と形式的側面があり，前者は意味そのものないし差異を認識させる質的な側面であり，後者はそれを記号や数字でとらえられたときの量的な側面」であるとし，情報を「意味情報」と「形式情報」として概念化している。意味情報は「組織に『驚き』を与え，何かが見えてくるものであり，人間の対話からもたらされることが多く，人間的相互作用を必要とする」ことを指摘している。

　また，「意味情報」「形式情報」の概念を援用して，組織の協働体系を維持するための組織の意思形成プロセスに4段階が必要であると述べている。「第1段階は，伝達や報告は，形式情報の共有があり，『価値の相互交換』が要請される段階である。この段階では，コミュニケーションの活性化が必要であり，協働意思の萌芽の段階である。第2段階は，意味情報の部分共有の段階である。コミュニケーションを通して，成員の意味や価値を深化させ，幅を広げていく段階である。第3段階は，組織全体という観点から，その目標は意味情報の共有化を図りつつ内発的に形成される段階である。第4段階は，成員が遵守すべき行動規範の共有化と手段の合理化が求められる段階であり，組織の情報創造と定着の過程である」としている（野中，1990）。

　学校臨床の問題は，教師と児童生徒，児童生徒同士，教師と保護者，教師同士など人と人との関係性から派生してくる部分が大きい。学校臨床の問題に対応するためには，その問題行動の背景にある「人とのつながり方」を考えておくことが求められる。人と人とのつながりをもたらすものは，目的的な対話だけではなく，雑談を含めた人同士の対話である。多忙化した学校現

場で，学校の教育相談機能を高めていくためには，教師同士が「いつでも，何でも話せる」関係性を創っていくことが大切であり，そのためには，教育相談機能を高めるための校長のリーダーシップが必要である。

引用・参考文献

文部科学省（2010）生徒指導提要. https://www.mext.go.jp/a_menu/shotou/seitoshidou/1404008.htm

文部科学省（2022）生徒指導提要（改訂版）. https://www.mext.go.jp/content/20230220-mxt_jidou01-000024699-201-1.pdf

石隈利紀（1999）学校心理学—教師・スクールカウンセラー・保護者のチームによる心理教育的援助サービス. 誠信書房.

近藤邦夫（1994）教師と子どもの関係づくり—学校の臨床心理学. 東京大学出版会.

野中郁次郎（1990）知識創造の経営—日本企業のエピステモロジー. 日本経済新聞社.

コラム　教師のストレスと対処法

　社会人のストレスは，「職務」と「人間関係」である。教師の職務は授業と生徒指導が中心であるが，その他にも多様で際限なく存在する。例えば，運動会や学習発表会などの職務は，一定程度の境界線があれば，「ここまで，やった」という達成感が得られるが，校務分掌の雑務など細かないくつもの仕事が複層的に存在する仕事は，教師の大きなストレスになっている。教師の仕事は，複層的な人間関係で成り立っている。児童生徒との関係，校長や教頭や同僚との関係，保護者との関係，地域との関係である。これらの一つでもうまくいっていない場合，ストレスとなる。

　ストレスが精神疾患になるかどうかは，その出来事がストレッサーになるかの認知的判断が影響する。例えば，校長からプロジェクトや研究授業を任されたとき，「ただでさえ多忙なのに，どうして私がやらなければいけないのか」と考えると大きなストレッサーになるが，「私が信頼されているから，仕事を任されているのだ」と考えれば，ストレスは軽減する。

　精神疾患になることを防ぐためには，事柄の認知を変えること，つまり「リフレーミング」が有効である。ネガティブ思考ではなく，ポジティブ思考にすることである。また，そのプロジェクトが終わったら，「○○をしよう。□□を買おう」など，自分にご褒美を与えると，モチベーションにつながる。しかし，今の教師の多忙さは，その認知的判断さえもできないくらい，複雑かつ多様であることが問題である。

　次にソーシャルサポートも，ストレスの軽減に有効である。同僚との関係がよければ，仕事や役割を分担したり，手伝ってもらえる可能性もある。一人で

はなく，チームでやっていると考えると，責任の分散ができ，気持ちが楽になる。また，途中経過を話し合うことで，仕事の進捗状況も理解できる。「がんばっているね」「ここまで，できたね」「それ，いいんじゃない」と声をかけられるだけで，モチベーションにつながる。子どもや保護者とのトラブルがあっても，同僚や校長・教頭に話すだけで楽になることも多い。「話す」ことで，問題から「離れる」，問題を「手放す」ことによる「カタルシス効果」が得られる。何かネガティブな出来事があったとき，同僚や家族に，その日のうちに愚痴ることである。いつも愚痴ってばかりいると「また，愚痴ばかり」と人間関係に亀裂が入ることがあるので要注意だが，相手がネガティブなことを話してきたときにしっかりと聴いてあげることによって，互恵性がうまれ，お互いの関係性もよくなる。

　筆者がアドバイザーをしている幼稚園や小学校では，２週間に１回 30 分間，お茶を飲み，お菓子を食べながら，学級のことや家庭のこと等，何でも話し合うシェアリング（情報と情緒の共有）の時間を設けてもらったことがある。お茶をのみながら，テーマも決めずにただゆっくりと話すと，普段話せなかったことや，困っていることなどを話すことができる。心の中に溜まっていたものを外に出すというカタルシス効果が得られる。そんな時間がとれない，そんなことをするぐらいなら仕事をした方がましだと思う方もおられるかもしれないが，教師は学級のこと・授業のこと・行事のこと等，自分の仕事で頭がいっぱいで，たとえ同僚でも，情報を共有する時間がないのが現状である。特に若手教員は悩みを抱えていることが多いが，みんなが忙しそうにしているため，ちょっとしたわからないことも訊くことができずに，自分だけで抱えていることも多い。そのため，周りが気づいたときには，休職一歩前ということもある。

　新型コロナウイルス感染症で，対面ではなくオンラインでの会議も体験されたと思う。オンラインでの会議では目的とする情報を共有するのがやっとで，それ以外の情報を交流する機会がない。対面の情報交流を 10 割とすると，オンラインの情報交流は４割ぐらいではないだろうか。なぜならオンラインでは，パソコン画面の中で，視覚と聴覚だけの情報になるため，相手がどのような感じなのか，想像するだけになるからである。対面では，相手のちょっとした表情からいろいろなことをくみ取り，理解することが可能である。対面であれば会議の前後で，いろいろな情報交換ができ，雑談もできる。新型コロナウイルス感染症で，飲み会もなかった時には，「職務」のみの交流で，コミュニケーションが滞っていたと考えられる。そのために，孤独感を抱え，休職者も増加したと考えられる[注1]。対面でのちょっとした会話によってストレスを和らげることができるのである。

　ストレスに対処するためには，ストレスコーピング（対処法）を数多く持っていることが大切である。いわゆる趣味である。登山やジョギングやゴルフなどのアクティブなものから，食を楽しんだり，ゆったりとお風呂に入ったり，

音楽を楽しんだりするリラクゼーション系のコーピングもある。ストレスコーピングは，その行為がコーピングにつながるという意識を持っていた方がより楽になる。海に行くと心がゆったりとすることはよく知られている。波の音やさわやかな風，砂の感触を確かめるだけでも，ストレスは軽減する。海に癒し効果があることを認識していると，少し疲れた時やストレスが溜まったときに，海に行こうという気持ちになる。しかし，海に癒し効果があると知らなければ，ストレスが溜まっても海に行くことはない。

　ストレスコーピングを行っている時に，「子どもたちのことや保護者のこと，仕事のこと等が反すう的に心に思い浮かんで来る」場合は，メンタル面で危険が迫っているサインである。仕事のオンとオフとの切り替えがうまくできていないからである。加えて，心身の疲労・抑うつ感・集中力の欠如，やる気が出てこない場合は，早めに精神科や心療内科への受診を勧めたい。自分のストレスのサインに早めに気づき，早めに対処することが，休職や退職を回避する方法である。

　夏季休業や冬季休業で，長めの休暇が取れて，体が元気な場合は，できるだけ遠くに旅行することをお勧めしたい。学校というストレスの溜まる場所から，少しでも物理的に遠くに離れることで，ストレスを軽減しリフレッシュでき，また，自分を客観視することで，職務へのモチベーションアップにつながる。

注1）コロナ禍中の 2021（令和3）年度には教育職員の精神疾患による求職者数が過去最高（5,897 人）となった。

第3章

スクールカウンセラーの実際

I　スクールカウンセラーの勤務体制と　　スクールカウンセリング活動

　不登校やいじめ問題等に対応するため，文部省（当時）は1995（平成7）年度に「スクールカウンセラー活用調査研究委託事業」を全国に154名のスクールカウンセラー（以下，SCと略記）配置で始め，2023（令和5）年度まで，SCの配置校は増加している。配置方法は，単独校方式^{注1)}・拠点校方式^{注2)}など，各自治体で異なるが，多くの地域では週2回1日4時間または，週1日8時間となっている。SCは学校教師の一員であるため，基本的には集団守秘義務として，教師と情報を共有することは必要である。一方で，学校での問題を俯瞰的に見るために，「外部性」が重要だと言われている。

　また2017（平成29）年に学校教育法施行規則第65条の2において「スクールカウンセラーは小学校における児童の心理に関する支援に従事する」と規定され，SCの仕事内容（文部科学省，2017）については，第2節で提示するように通知されている（「学校の教育力を高める組織的な教育相談体制作り」より抜粋）。

II　スクールカウンセラーの職務内容

　SCは心理に関する高度な専門的知見を有する者として，不登校，いじめや暴力行為等問題行動，子どもの貧困，児童虐待等の未然防止，早期発見，支援・対応を行う。また，これらを学校として認知した場合または疑いが生じた場合，自然災害，突発的な事件が発生した際には，児童生徒，保護者，教師に対して，カウンセリング，情報収集・見立て（アセスメント）や助言・援助（コンサルテーション）等に従事する。具体的なスクールカウンセラーの職務は，次のものが考えられる。

注1）単独校方式：SCは一人一校に派遣され，その学校だけを担当する。
注2）拠点校方式：SCは一人または複数人，拠点校に配置され，中学校区内にある小学校なども担当する。

①不登校，いじめ等の未然防止，早期発見，支援・対応など
- 児童生徒および保護者からの相談対応
- 学級や学校集団に対する援助
- 教師や組織に対するコンサルテーション
- 児童生徒への理解，児童生徒の心の教育，児童生徒および保護者に対する啓発活動

②不登校，いじめ等を学校として認知した場合またはその疑いが生じた場合，災害等が発生した際の援助
- 児童生徒への援助
- 保護者への助言・援助
- 教師や組織に対するコンサルテーション
- 事案に対する学校内連携・支援チーム体制の構築・支援

　SC は週 1 回 8 時間の勤務が標準であるが，月に 2 回というケースもあり，地域間格差も大きく各学校によって勤務体制が異なるうえに，管理職および教師の SC に対する理解が SC 活動に大きな影響を与える。「SC セルフチェック 25」（増田，2018；表 1）は，SC が自分の活動を振り返るためのチェック表である。

　チェック項目の 1 〜 13 は教師との関係や情報共有に影響を与える項目である。特に，教師との日常的なコミュニケーションは，教師との関係作りや何かあったときにすぐに支援する体制作りのために重要である。特に，教師への研修会は，不登校やいじめの理解を深めるとともに，児童生徒や保護者の個別面接につなげるための信頼関係作りに大きな影響を与える。チェック項目の 14 〜 24 は，児童生徒の問題に対して心理的支援ができるかの項目である。現在の児童生徒の問題は，発達障害の支援，虐待や精神疾患，性非行の問題など，学校だけでは解決できない問題が多い。発達検査等のアセスメントのスキル，医療機関や児童相談所との連携が不可欠である。SC は学校において心理職としては基本的に一人での活動になる。ケースをどのように見立て，どのように支援していくのかを考えるうえで，チェック項目 25 の事例検討会での事例発表や経験豊富なスーパーヴァイザーから指導を受けるスーパーヴィジョン（以下，SV と略記）は，スキルを向上させる上でも必要である。

表1　スクールカウンセラーセルフチェック25（増田，2018を改変）

SC（　）年目（　）歳　女性・男性　配置校種　小学校（　）中学校（　）高校（　）特支学校（　）

		ちがう	ややちがう	まあそうだ	そうだ
	SC以外の方は→職種（　）　教職員をスタッフと読み替えてください。	1	2	3	4
1	報告・連絡・相談に気をつけている。				
2	職員室に机がある。				
3	教職員の顔と名前が一致している。				
4	先生のインフォーマル集団を把握している。				
5	先生たちとコミュケーション（雑談など）をしている。				
6	校長先生と月に一回は学校の状況について話す。				
7	養護教諭・教育相談担当とケースについて情報共有している。				
8	学期に1回は学校内・教室を巡回している。				
9	生徒指導部会・教育相談部会・特別支援委員会などに出席している。				
10	先生と立ち話コンサルテーションができる。				
11	スクールカウンセラーだよりを発行している（2ヶ月に1回程度）。				
12	研修会の講師依頼がある（公的に実施したものは3　個別に別枠で依頼された4）。				
13	研修会終了後アンケートを実施しフィードバックしている。				
14	個別の継続ケースを持っている。				
15	学校の気になる児童生徒・家族構成を知っている。				
16	不登校児童生徒と関わっている（個別面接・家庭訪問・コンサルテーション）。				
17	いじめの相談が児童生徒・先生からある。				
18	虐待児童生徒の対応ができる。				
19	発達障害児童生徒の支援ができる。				
20	児童相談所とケース会議を開いている（開くことができる）。				
21	難しいケースの場合，クリニックを紹介している（紹介することができる）。				
22	クリニックや相談機関に紹介状を書いてる（書くことができる）。				
23	WISC-IV，-Vなどの発達検査が実施できる（過去2年以内学校で実施経験は4）。				
24	発達検査のフィードバックは本人・先生・保護者にわかるように工夫している。				
25	SCのケースでスーパーヴィジョンを受けたり事例検討会での検討をしている。				

注　SCが効果的に機能するためには，SCの力量だけではなく，勤務形態・学校組織文化が影響しています。あくまでも参考です。

スクールカウンセラーがより効果を発揮するために，行政などへの要望があればご記入ください

1	
2	
3	

Ⅲ　スクールカウンセラーの意識改革の必要性

　教育改革の流れの中で，地域創りの中核を担う組織として学校は期待されている。学校教育もパラダイム転換を迫られているのである。チーム学校とは，学校と家庭，地域との連携・協働によって子どもの成長を支えていく体制を作ることである。学校内では他職種との連携・協働，学校外では警察や児童相談所などとの連携が求められている。現在も SC は学校の一員であるが，SC が常勤化されると SC の立ち位置と役割は大きく変化する。

　文部科学省（以下，文科省と略記）の調査（2015a）によれば，調査対象校の 96％が SC は必要であると回答している。しかし，いじめに関しては，週 1 回の勤務では即座に対応することは事実上難しい。それでも，チーム学校が制度として機能すれば，いじめに対する認識や対応も変わってくることが期待される。現行の週 1 日程度の勤務日数では難しいが，勤務日数が増えることによって，チーム学校の心理職として，学校臨床問題のコーディネーターとしての役割が期待される。SC が学校コミュニティにコミットするためには，学校組織文化のあり様を理解し，学校文化はもちろん教師の関係性を含めてアセスメントすることが必要である。

　学校臨床問題に対応するためには，スクールカウンセリングも個別面接の展開だけではなく，コミュニティ・アプローチが求められている。保護者のクレームや学級崩壊の相談，コミュニティ創りへの助言を求められる SC はあまり多くないのではないかと思う。SC は不登校やいじめの問題など個別的な事象での「心の専門家」である認識だけの場合も多い。学校を基盤とした地域コミュニティ創りの一員であるという認識が，SC 自身と学校側に不足していることにも関係があるように思う。チーム学校が求められる背景として，前述したように，いじめ・不登校・特別支援教育などの複雑化・多様化した課題があり，その解決が目的である。SSW と協働しての心理・福祉のコーディネーターやオーガナイザーの役割を担うことが，学校現場の厳しい状況を改善するための有効な対応となる。

　「個人臨床からネットワーク臨床へ」は，学校臨床心理士全国研修会や各自治体での研修会等を通して，浸透しつつある。しかし，SC がもつ心理臨床のバックグランド，大学院養成段階での SC のカリキュラムの未整備から，未だに SC が「スクールカウンセラー」，つまり「学校組織の中のカウンセラー」であるという認識がないことにより，SC に対する誤解と不満があるこ

とも事実である。筆者は，学校を主なフィールドワークの場にしているため，教育委員会関係者・管理職・教師と話す機会が多い。そこでは，「SCが居てくれたおかげで，大変助かっている。もっと日数を増やしてほしい」という声も数多く聞かれる。その反面，「高い費用を払っているのに，SCの効果が見えない。SSWを２人雇用した方が効果がある」「学校の教師の中に，SCが誰なのか知らない先生が多い」「発達障害や非行のことについて相談しても，私は専門外なのでと言われた」「Q-Uアンケート[注3]の講師を頼んだが，そんな心理テストは知らないのでできない」「相談しても，私が考えていることと同じで，専門家に相談する意味がなかった」等々の声もあった。筆者が知りうる限りでは，ビギナーでも信頼され，よく活躍しているSCもいれば，ベテランだけど活用されていない人もいる。

　そこで，SCの現状と課題を整理し，ビギナーからベテランまでが，今後のスクールカウンセリング活動の全体像を理解し，新しい展開のヒントを持てることが本章の目的である。

Ⅳ　事　　例

　２つの事例からSCとチーム学校の在り方について検討したい。

１．発達障害特性からパニックを繰り返したＡ子さん

　小学４年生のＡ子さんは，小学校２年生の時に，着席行動があまりできず，担任から叱られてばかりいた。叱られるとパニックを起こすことを繰り返し，家庭でも落ちつきがなくなってきた。母親が担任に，「あまり叱らないようにしてほしいこと」「宿題を減らしてほしいこと」を申し出たが，周りの子どもたちと同じように指導が必要であることを校長と担任から言われたこともあり，母親は学校に対して不信感をもつようになった。Ａ子さんが小学校４年生になったとき，発達障害に理解があり，豊富な教師へのコンサルテーションの経験をもつ養護教諭と校長が赴任してきた。Ａ子さんのことを心配した養護教諭と校長は，どのように対応することがよいのか，SCに相談した。

　担任はＡ子さんの発達特性やパニックのつらさを理解し，学級で過ごした

注3）「楽しい学校生活を送るためのアンケート」で，「Q-U（Questionnaire-Utilities）」を実施することによって，児童生徒一人ひとりについての理解と対応方法，学級集団の状態と今後の学級経営の方針を把握することができ，全国の自治体で多く採用されている。

くないときは保健室で過ごしてもよいということにした。しかし，学校に不信感をもっていた母親は，学習が遅れることを心配して，保健室にいることに反対した。このような母親の不信感とA子さんへの対応を理解した上で，SCが学校に行く金曜日は，個別にSST（ソーシャル・スキル・トレーニング）や学習支援を継続的に行うこととなった。特に高学年の際の宿泊的行事である自然教室や修学旅行の時は，事前に包丁の使い方や困った時の対応などを集中的に行い，行事へのスムーズな参加を支援した。個別支援計画を特別支援教育部会で具体的に審議し，担任一人が抱えるのではなく，校長・養護教諭・同学年の先生，専科教師，SCでサポートする体制を整えることによって，A子さんの指導は担任と養護教諭が中心に，保護者面接はSCが継続的に行うことによって，学級にも適応して，無事に小学校卒業のときを迎えた。

　母親とA子さんの次の不安は中学校進学であった。小学校と中学校では，教科担任制や定期試験，部活動など学校文化が違う。中1ギャップ[注4]という言葉があるように，不登校が大幅に増加する。そこで，中学校・小学校のSCがそれぞれコーディネーターとなり，小学校の校長・6年担任，養護教諭，中学校からは校長・教頭・教務主任・養護教諭・新1年生の担任になる先生たちで，3月末にケース会議を開いた。A子さんの特徴として，新規場面に慣れるまでに時間がかかること，音への感覚過敏があること，学習を習得するためには時間がかかることなどが伝えられた。対策として，入学式前日に中学校に母親とA子さんで登校し，入学式会場と教室の下見を行うこと，何か困ったことがあったら養護教諭に相談すること，定期的に母親とA子さんはSCの面接を受けること，学習は本人の状況に合わせて柔軟に対応することが話し合われた。中学校入学後は吹奏楽部の部活動にも入るなど，最初の適応はスムーズであった。体育会などの集団行動の時にはパニックを起こすこともあったが，中学校全体でA子さんを支援する体制が整えられ，中学校も無事に卒業し，高校進学を果たした。

　これは，SCがコーディネートして，小学校では教師集団で，卒業時は中学校と連携しながらA子さんを継続的に支援した事例である。SCと養護教諭の連携を核とした教師間の関係性のよさがうまく機能したことが，A子さ

注4）明確な定義はないが，小学校と中学校の文化の違いなどが要因として考えられ，不登校の人数が小学6年生に比べ，中学1年生で大幅に増えることを指す場合が多い。

んのニーズに応じた具体的支援を可能とした。個別支援計画があったとして
も，心理職の専門的な知識とスキル，教師間の連携がなければ，継続的な支
援ができなかったものと思われる。

2．児童虐待が疑われたB子さん

　経験2年目のSCが対応した事例である。中学校が拠点校であり，週に1
回4時間，中学校に半日行き，要請があれば，学校で児童や保護者の面接を
行っていた。SC1年目はこの学校に受け入れられない感じをもっていた。
明らかに若いSCに何ができるのかと考えている教師も複数名いたようであ
る。赴任当初は，面接件数も少なかったが，面接内容は集団守秘義務を押さ
えた上で，管理職・担任や養護教諭に「見立てと方針」をフィードバックし
た。その際には，学校ができる支援，家庭でできる支援を具体的に伝えるこ
とを心がけていた。放課後も先生たちのニーズがあると立ち話でのコンサル
テーションを行っていた。SCが教師の信頼を得た大きな転機が，校内研修
会で「生徒のサインの表し方と支援」について話をしたことである。教師の
事前調査では，「生徒の気持ちがわからない」「不登校の生徒や親にどのよう
に接したらよいかわからない」というニーズがあり，それらを踏まえた研修
は高評価だった。

　10月下旬，中学2年生のB子さんから養護教諭に，母親から身体的・心理
的虐待を受けていると相談があったため，SCがB子さんの面接をすることに
なった。B子さんは，母親からいろいろ叱責を受けたり叩かれたりして，家
には帰りたくないとのことだった。SCは，6月に学習面でついて行けず，不
登校傾向だったB子さんと母親に面接をしていた。そのときの母親の様子か
ら，教育熱心な母親であり，虐待をするような印象はもっていなかった。し
かし，今回の面接で，B子さんの様子から生気がなくなっていること，自傷
行為もあるとのことだったので，養護教諭と担任と相談し，校長に児童虐待
の通報をするようにお願いをした。校長は虐待の事実確認ができないとのこ
とで，しばらく様子を見ようとの判断だった。児童虐待防止法第6条では，
「児童虐待を受けたと思われる児童を発見した者は，速やかに，（中略）児童
相談所に通告しなければならない」と規定してあるが，その判断は現実的に
は難しい。養護教諭と教頭は，児童相談所を含めてケース会議を開くことを
提案した。B子さんの家は福祉的サポートも必要だったため，SCの出勤日
に合わせて，校長・教頭・教務主任・担任・養護教諭・特別支援教室担任・

児童相談所ケースワーカー，SC，SSW でケース会議を緊急にもつことになった。ケース会議の結果，B子さんについては担任と養護教諭がB子さんの様子を日常的に観察し記録をとること，SC が母親とB子さんの面接を定期的に行うこと，SSW が家庭訪問を定期的に行うこと，学習面での遅れに関する詳細な見立てを地域の医療機関で行うため，B子さんの受診を母親に提案することになった。また一方で，学習面の遅れは，専科の先生が1週間に2回，個別指導の時間をとることになった。

　次の日，B子さんの相談を受けた養護教諭は SC と母親の継続面接を提案した。B子さんの母親は SC との面接で，B子さんが宿題をしないことで叩いたことを認めた。また，B子さんの学習面は専科の先生がサポートすることで母親も安心したようである。SSW が2人の幼児を養育している母親の福祉的サポートをすることで母親も落ち着いてきた。その後は，B子さんは少しずつ元気を取り戻し，中学校を卒業後，第一志望の高校に進学した。

　虐待かしつけかの峻別は非常に難しい。しかし，通告をためらったために生命を落とすことにもなりかねない。一人もしくは学校だけで判断するのではなく，児童相談所などの外部機関との連携が重要である。このような場合，SC がコーディネーターとなり，学校と児童相談所・SSW 等，外部の専門家とケース会議を開くことで，ケースの見立てと方針，今後の役割分担等を明確にもつことができ，とても有効である。そのためには，日常的に児童相談所等と繋がっておくことが求められる。

　1つ目の事例は小学校と中学校を繋ぎ，2つ目の事例は，学校と他機関を繋いだ事例である。個別面接だけでなく，他機関をコーディネートしていく力量が SC には求められる。

V　スクールカウンセラーはどこで何をしているのか

1．学校文化とカウンセラー文化の違い

　SC の成果と課題を考察するためには，SC を受け入れる学校と SC の2つの視点が必要である。

　学校文化を形成する教師は，教師になるために大学などでその養成カリキュラムによって，教育・訓練を受ける。また，学校は法制度的な所与の条件を満たすための枠組みをもっている。一方，SC は主にその養成段階および資格は大学および大学院で心理療法を学び，主に臨床心理士・公認心理師の

表2　学校文化とカウンセラー文化の違い

	学校文化	カウンセラー文化
担当者	教師・教師集団 基本的に 一人または複数名	臨床心理士・公認心理師 基本的に学校に一人
情報の取り扱い	共通理解が原則	守秘義務が原則
対象	集団が主	個人が主
形態	一対集団	一対一
対処方法	計画的・意図的 主に指導的	非計画的 主に非指示的援助
場所	オープン 主に教室	クローズド 主に面接室
時間的意識	日常性 学年・学期等期間的	非日常性 時間的制約がなく本人の成長に合わせる

　資格を有しているものが派遣されている。SCと教師は，対人関係を機軸とした専門職ではあるが，双方がもつ文化は異質なものである。そのため，まずSCのカウンセラー文化と教師の学校文化の相違を押さえておきたい。表2は心理臨床と学校教育の現場の違いを明確にするために，担当者，情報の取り扱い，対象，形態，対処方法，場所，時間的意識の視点から「学校文化」と「カウンセラー文化」の枠組みの分類を行ったものである。

　双方とも児童生徒の発達援助を目的とした専門職であるが，全てにおいて，対照的な文化を背景としている。対照的だからこそ，教師とSCが連携することによって，困っている子どもたちを救うことができる。お互いの文化の違いを相互理解することが，連携の第一歩である。

2．SCのエスノグラフィー調査から

　SCが学校組織へどのようにコミットしているのか，SCがどこで何をしているのかを明らかにするために，SCのエスノグラフィー調査を行った。調査の概要は以下の通りである。

　調査日：X年9月10日　8時40分-17時56分（総時間数556分）
　SCの属性：30代男性　SC歴4年目　A小学校4年目
　A小学校：各学年2学級＋特別支援学級2クラスの中規模校である。校
　　長をはじめ，各教師の関係性は良好である。不登校児童が多く，基本
　　的には予約カウンセリングを行っている。予約カウンセリングは，保

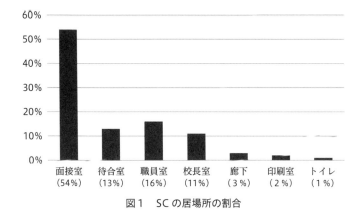

図1　SCの居場所の割合

護者が教頭を通して申し込む。保護者だけの場合もあれば，親子面接や児童生徒のみ行う場合もある。また，臨床心理学を学んでいる大学院生の学生ボランティアがおり，保護者面接の時は，学生ボランティアが児童と遊ぶこともある。

　エスノグラフィー調査は教育委員会・学校の了承のもと，筆者がSCにぴったりとはりつき，どこで何をしているのか，居場所・対話相手・対話内容などの記録をとった。

（1）A小学校でのSCの1日の活動場所の分析（図1）

　SCはA小学校では，午前中はカウンセリングを中心に行うために，面接室で大半の時間を過ごす。この日の54％（289分）が面接室である。面接室では，カウンセリング，コンサルテーションのほか，資料整理，電話連絡，学生ボランティアとの対話，休憩を行う。面接室以下，待合室13％（76分）・校長室11％（59分）・職員室16％（86分）の割合で1日を過ごす。

　待合室は，養護教諭のコンサルテーションと休憩が主な過ごし方である。校長室では，担任のコンサルテーションと校長や養護教諭との対話を行っている。職員室はA小学校の専科教師たちと給食を食べたほか，担任とのコンサルテーションを行っている。主に，午前中面接を行った児童の保護者面接と児童の様子のフィードバックである。

　A小学校でのSCの移動場所は，職員室と面接室の両者をつなぐ廊下だけであるため，接触する教師や児童は数少ない。面接室はカウンセリング業務が行われているかどうかは，一般の生徒からはわからない位置にある。

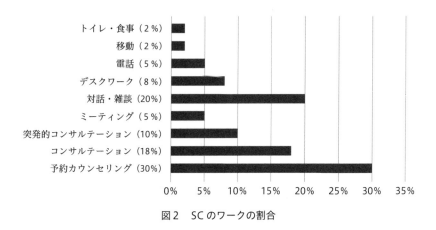

図2　SCのワークの割合

　印刷室では，印刷中の教師に，不登校傾向の児童の情報交換を行っていた。印刷中，教師は印刷機の前から離れることができないこと，また，ほかの教師がいないために，立ち話コンサルテーションや雑談に印刷室を使うことは有効である。

（2）A小学校でのSCの1日のワークの分析（図2）

　1日の30％（167分）を予約カウンセリングが占めている。この日の予約カウンセリングは，保護者2件と児童1件の計3件である。1件平均54分である。コンサルテーションは，A小学校の担任1件，校長と養護教諭の3名で行った2件である。予約の形ではなく突発的に実施したコンサルテーションは，不登校傾向児童担任と発達障害児童担任にそれぞれ放課後に行った2件である（10％；53分）。ミーティングは教頭との打ち合わせ5％（28分）1件である。このミーティングは予約カウンセリングの調整である。対話はA小学校の校長と朝10分，養護教諭と29分，学生ボランティアと80分，給食時間にほかの教師と48分である。カウンセリング・コンサルテーション・ミーティング・対話を合計すると，391分で1日の73％を占める。デスク・ワーク（50分）は，大半をケースの資料整理にあてている。しかし，学生ボランティアと資料整理を行っても，過去の分もあるため，資料整理の時間は十分ではないようだった。

　SCの活動は児童生徒のカウンセリング，保護者のカウンセリング，教師のコンサルテーション，研修が主なものであるが，対話雑談が20％と予約カウンセリングに次いで大きな割合を占めている。SC活動を効果的に行うためには，対話・雑談が果たす役割は大きい。

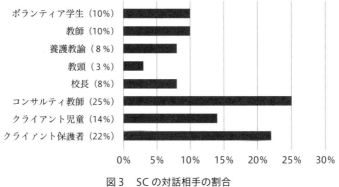

ボランティア学生（10%）
教師（10%）
養護教諭（8%）
教頭（3%）
校長（8%）
コンサルティ教師（25%）
クライアント児童（14%）
クライアント保護者（22%）

0%　5%　10%　15%　20%　25%　30%

図3　SCの対話相手の割合

　教師のSCへの希望である「自由に相談できる体制をとってほしい」を考えると，教師が今，相談したい内容をその場で話し合う突発的ミーティング時間をどれだけとれるかが課題となる。この日は，1日の10%（53分）を突発的コンサルテーションにあてているが，このスクールカウンセリング体制のままで，通常の勤務時間（9時から17時）の中に入れるのは不可能である。教師の希望を取り入れて，SC制度を改善するためには，SCの勤務日を増やすか，SCの増員が必要である。

（3）A小学校におけるSCの対話相手の分析（図3）

　次に対話相手の分析である。

　予約カウンセリングの保護者22%（122分）と児童14%（78分）が，養護教諭との対話などが8%（45分），コンサルティなどの教師35%（195分），校長8%（45分），ボランティア学生10%（56分）である。ここで特徴的なのが，教師との対話を重視していること，ボランティア学生との会話が10%と多いことである。教師との対話は，情報交換・信頼関係の醸成に必要不可欠であり，それが各教師への即時・即事のコンサルテーションに繋がっている。また，A小学校の特徴であるボランティア学生との対話は，「カウンセリングが続くと疲れていくので，学生との会話で癒される面が大きい。それに，資料整理のアシスタントもしてもらっているので，時間内にSC業務を行ったり，保護者面接をしている時に子どもの遊び相手をしてもらうなど必要な存在である」（SCインタビュー）。さらに，カウンセリング・コンサルテーションの業務に関しても，学生との会話の中で頭を整理したり，心を癒すことで次のカウンセリングやコンサルテーションに向かうことができるとのことであった。

SCにとって，学生ボランティアの存在は，精神的な意味においても，資料整理や研修型コンサルテーションの準備をしてもらえるという実務的な意味においてもその存在は大きいと言える。また，臨床心理を学んでいる学生ボランティアであれば，カウンセリングやプレイセラピー等，直接児童生徒と関わることもできるので，一人で複数校をカバーするSC方式を支えていく存在にもなりうるだろう。

（4）コンサルテーションの場面解釈（表3）

校長室で，校長と養護教諭とSCで行ったコンサルテーション場面である。雑談が終わった後，養護教諭がコンサルテーションの対象児童の情報を聞くように「A先生の相談は……」と話題を展開した（4分）。SCは担任と養護教諭の双方から児童の情報を得ることができる。この児童の情報が立体的になったところで，SCは，「A先生は，心配性ということもないですか？」とA先生の情報を得るように質問を，養護教諭に向けた。3人の話題は，腹痛で休んだり，保健室の来室が多い児童の現状と対応についてであった。養護教諭の話では，担任が不登校になるのではないかと心配していること，母親は教育熱心なので厳しいこと等が話された。校長はその児童はやや神経質な感じがすると話し，保健室で受け入れられない場合は校長室に来てもよいと提案した。SCはもともとの性格もあるが，家庭環境や学級でも不適応，学校行事のストレスも考えられるので，SCが保護者面接と本人面接をすること，今は，家庭や保健室でゆっくりと過ごすことで，安心感をもってもらうことが大切であると話した。

A教諭の児童の見方・捉え方がどのようなものであるかを，校長と養護教諭から得ることができた（9分）。最後に，観察者も交えて大学の話（2分）をして15分間のコンサルテーションを終えた。

児童のことで悩んでいる担任の情報も，校長と養護教諭の2つの視点から聞けたことになる。このような複層的な情報の集まり方を可能にしたのは，校長と養護教諭・担任との「開かれた関係」があるからである。子どもたちを受けもつ担任をコンサルテーションしていくための前提条件がA小学校には揃っていると言える。それが，「ウチの協働性」と「ソトとの協働性」を繋ぐことを可能にしていると言える。学校と連携していく上で，対話（特に雑談）は，人間関係を深め，クライアントや学校の「意味のある情報」を得ることができるという大きな意味をもっている。本事例は臨床心理学を学んでいる大学院生がボランティアとして活動している固有の事例であるが，ボラ

表３　新規場面になったら腹痛を繰り返すＡ君の情報共有

時刻	場所	相手 （単独を含む）	観察記録（行動と会話）
14:36	校長室	養護教諭	はい，わかりました。すみません。
		SC	元気がないときに……。
		校長	あっははは。
		養護教諭	はぁ。
		SC	えー，まあ大丈夫，以前とかわりませんから。
		養護教諭	Ａ先生の相談は……。
		SC	Ａ先生の所のクラスの子で，まっ，おなかが痛いと，朝からおなかが痛いという子がいて，そんなにこう休んだりとか，最近遅刻はないみたいですけど，夏休みのキャンプで，そういうふうに……。
		養護教諭	Ｎ君でしょ。
		SC	あっ，そうです。あったら，先生も気になって，そういう子ってどうしてそういうことが起こるんですかね。っていうと変ですけども，どういうことが，原因なのかわかんないけども，どういう風に考えていったらよいかってことを，えー。
		養護教諭	あの時は，ほんとに痛かったみたいです。かなり痛がって，朝から下痢していたからほんとじゃないかと思うんですけどね。
		SC	胃に穴があいていたんですかね。そこまでいかない。ちがう，失礼しました。
		養護教諭	その前くらいから下痢してて，あたったわけじゃないけど……。お母さんに聞いたら，そんなことが何回かあったみたいで，病院にも行ったけど，何ともないし，神経的なものって言われたとちらっと，おっしゃていたということなので。
		SC	そういうことでしたね。それで。
		養護教諭	でも，キャンプで帰るという人じゃないからですね。みんないるし。だから，もう，帰るって言ったんですよ。　略
		校長	言いたいんだけど，ひょっとしたら心因的なことだったら言ったらいかんちゃろうな，どう接したらいいのかなあというのを話してましたね。だから，先生の話で，横に聞いていたら，ようわかりました。って，言いよったですね。あー，どう接したらいいのかなというのがわかったかもしれません。
		SC	そうだったらいいんですけど。

ンティアの学生は，SC 活動の支援として機能している。臨床心理士・公認心理師になるためには，外部実習が課せられている。その実習生を SC の援助者として活用することも一つの方法である。

エスノグラフィー調査からは，SC が有効に機能するためには，「①立体的

に情報を集めること，②そのための前提として開かれた関係性があること，③関係性を担保するためには雑談が有用であること」の３点が明らかとなった。

3．SCとチーム学校

　２つの事例とエスノグラフィー調査を通して，SCの役割と学校組織との関係についてみてきた。ここではチーム学校とSCの役割や課題について考えてみたい。

　現在のSCは従来の役割に加えて，学校組織への支援を行う組織心理学的援助や児童生徒への心の健康保持活動の企画立案能力も求められている。チーム学校でSCが機能するために求められることとして，主に「日常的に相談できるよう，配置時間の拡充と資質向上の取組」「SCの職務内容等を法令上，明確化することの検討」「将来的には学校教育法上の正規の職員として規定すること」の３点があげられている（文部科学省，2015b）。

　チームワークとは，「チーム全体の目標達成に必要な協働を支え，促進するためにメンバー間での交わされる対人的相互作用である」（山口，2008）とされている。これをチーム学校という視点で考えると，学校の目標を教師以外の他職種が理解することが課題である。年に数回の会議では，学校の目標を理解したり対人的相互作用を促進したりすることは難しい。日常的な関係性をいかに構築していくかがカギになる。

　コミュニケーションによる情報の共有を形式情報と意味情報の概念（野中，1990）を使って考えてみると，次の４段階が想定される。第１段階は情報がフォーマルコミュニケーションによって，学校組織文化の中に入る段階である。その時は情報の媒介者以外は，意味情報としてではなく，形式情報として入る。形式情報とは言い換えると知識や事実のみであるが，そこに構成員が意味を見出すことができると，何かをしなければという実践のためのモチベーションになる。第２段階は，形式情報を意味情報に転換する段階である。この段階はインフォーマルコミュニケーションが大きな役割を果たす。リーダー層（校長・教頭とは限らない）はこの段階で対話を通じて，メンバーそれぞれがもっている形式情報を意味情報に転換させるように働きかける。その過程で時に，雑談は価値転換のための促進的要素の一つとなる。第３段階は，フォーマルコミュニケーションの中で，意味情報の確認をし，具体的実践を決める段階である。第４段階は，役割分担を決めた上で実践する段階である。

　事例１と２で紹介したように，チーム学校が機能するためには，教師とSC

が双方の専門職としての役割を理解し，学校組織内外で信頼関係を築くことが重要である。そのことで培われたインフォーマルな関係により即時・即事の対応が可能となる。

　SCと学校組織が児童生徒を支援していくという協働の目標をもつためには，双方向のコミュニケーションが機能することが前提となる。教師は学習指導・生徒指導等の指導が役割である。いわば教育の「教：教えること」に軸足がある。しかし，その指導の中で，児童生徒は自分の本当の気持ちを話せなかったり，時には反抗したり，フラストレーションをためたりすることも生じる。一方，SCは教育の「育：育むこと」に軸足があるといえる。一人の児童生徒を理解しようとするとき，教師とSCの連携によって多面的な理解が進み，指導と援助の役割分担ができる。例えば不登校の児童生徒に積極的に働きかけることだけではなく，「働きかけない」ことにも意味があることを伝えることによって，児童生徒の心理的負担感をへらし，自分で動き出すことを保障できる。児童生徒が成長したと双方が感じるとき，他職種との互恵性がうまれ，チーム学校の理念が実行される。

　今後，チーム学校が制度化してきたとき，課題になるのは外部性と中立性の担保である。日常的にSCが学校にいることで，いろいろな問題に即時に直接的・間接的に対応することができる。教師や児童生徒からすれば，困った時が一番相談する意欲が高い時だからである。しかし，学校内に日常的にいることは学校の教師の人間関係の力動の中に巻き込まれる危険性を孕むことになる。それは，同時に児童生徒の視点に立つという中立性も担保できないことを意味する。SCに相談することは，学校に相談することと同義に捉えられるからである。

　チーム学校におけるSCは心理職としての専門性を高めるとともに，学校内外の人間関係を良好に保ち，人間関係の渦に巻き込まれない軸が求められる。そのためには，SV制度をしっかりと確立していくことが必要であろう。また，面接を軸とするクリニックモデルに加えて，他職種を交えたケース会議の定例化，家庭訪問などのアウトリーチでの支援，地域や児童相談所・警察・医療機関など関係機関との連携・協働モデルの構築をめざすコミュニティ・アプローチによるスクールカウンセリングが必要である。

引用・参考文献
増田健太郎（2013）学校の現状とスクールカウンセリングの新しい展開に向けて．臨床心

理学, 13(5); 599-604.

増田健太郎（編著）（2016）学校の先生・SC にも知ってほしい：不登校の子どもに何が必要か. 慶應義塾大学出版会.

増田健太郎（2018）教育分野における公認心理師の具体的な業務. In：野島一彦・繁桝算男（監修），野島一彦（編）：公認心理師の基礎と実践①―公認心理師の職責. 遠見書房.

文部科学省（2015a）学校における教育相談に関する資料. https://www.mext.go.jp/b_menu/shingi/chousa/shotou/120/gijiroku/__icsFiles/afieldfile/2016/02/12/1366025_07_1.pdf

文部科学省（2015b）チームとしての学校の在り方と今後の改善方策について（答申）. https://www.mext.go.jp/b_menu/shingi/chukyo/chukyo0/toushin/__icsFiles/afieldfile/2016/02/05/1365657_00.pdf

文部科学省（2017）児童生徒の教育相談の充実について―学校の教育力を高める組織的な教育相談体制づくり（報告）.

野中郁次郎（1990）知識創造の経営―日本企業のエピステモロジー. 日本経済新聞社.

鵜飼美昭（1995）スクールカウンセラーとコミュニティ心理学. In：村山正治・山本和郎（編）：スクールカウンセラー―その理論と展望. ミネルヴァ書房.

山口裕幸（2008）チームワークの心理学―よりよい集団づくりをめざして. サイエンス社.

コラム　ストレスは伝染する？

1．子どもの性格とストレス

「性格は，変えられますか？」と時々聞かれる。それに対して「変えようと思えば，変えられます」とこたえる。遺伝的要因が強い「気質」は変えらない。「気質」は親から受け継いだものなので変えられず，さらにこの気質の上に，環境が複雑に絡んでくる。心理職がこころの相談を受けるとき，「生物・心理・社会モデル」で考える。生物は，気質や障がい・疾病。心理は，その時のストレスの状況や抑うつ状態。社会は，家族や学校や社会等の影響である。

今の子どものメンタルの状況を考えるとき，新型コロナウイルス感染症によって，社会自体が大きな不安というストレスを受けている。子どもたちも直接的に感染症の不安や，学校生活の変化などで，かなりの影響を受けている。家族環境からも大きな影響を受けている。例えば，小学校低学年の子どもの家に，赤ちゃんが生まれた時は，弟や妹が生まれたという喜びと，親を奪われたという気持ちが無意識に生まれ，赤ちゃんがえり（退行）することがある。学校の環境からの影響では，進級で担任が変わったり，友だち関係が変わったりすると大きなストレスになる。学校の環境だけでなく，塾や習い事，スポーツクラブなどの人間関係も大きな影響を与える。生物的な要因と社会的な要因の相互作用によって，心理的な状態は決まってくることが多い。生物的なことは変えられないが，社会的なストレッサーは，教師の配慮で環境を改善することで軽減できる。席替えや班替えなどは，環境調整の一つになる。

性格は幼児期に形成される「幼児性格」がある。親との愛着の関係である。幼児期に愛情をもって育てられている場合，基本的信頼感が形成されているので，多少の困難があっても乗り越えられるだけの力は備わっている。しかし，幼児期に親が多忙だったり，必要以上に厳しかったりすると，愛着がうまく形成されずに，不安が高くなる場合もある。気質と幼児期性格は過去のことなので，変えることはできないが，学童期に入った子どもたちは，学校という場でいろいろなことを学ぶことによって性格が変わっていく。それを学習性格という。さらに，役割を与えられてその役割を全うする中で，性格は変化していく。例えば，とても消極的だった子どもが「運動会などの重要な役割」を任せられてうまくいき，先生や保護者，友だちからほめられて，満足感が得られると自尊感情が高くなり，積極的な性格に変わったりすることは，よくある。教師に求められているのは，その子どもに合った役割を与えて，ほめて，成長させることである。小学校の場合は性格形成の土台を創る時期なので，教師や親の関わり方次第で，性格が変わる可能性はとても高い。

2．ストレスは伝染する

新型コロナウイルス感染症はウイルスなので感染する。では，ストレスは感染するのだろうか。答えはもちろん感染はしない。しかし，伝染はする。学級風土が「認め合い支え合う」風土であれば，子どもたちは失敗を恐れずに，いろいろなことにチャレンジする気持ちが強くなるだろう。反対に，失敗が許されない厳しい学級風土であれば，子どもたちは委縮してストレスをため込んでしまい，不登校になったり，見えないところでいじめが起こったりする可能性は高くなる。

「やつあたり」は小学校5年生が書いた詩である（図1）。ストレスが弱いほうに向かうことを的確に表現している。そして，「最後は犬に……」でも，犬

や つ あ た り

おとなの やつあたりは きらいっ　　　　だけど 私にはやつあたりする人はいない
私の家でのやつあたり　　　　　　　　　しかたなしに 犬にする
お父さんが仕事でイライラしていると　　でも，犬も文句がありそうな顔て
お母さんまでイライラする　　　　　　　私を みつめる
そして，お母さんはそのイライラを　　　私は その顔を見ると
お兄ちゃんにぶつける　　　　　　　　　「かわいいなあ」と思う
お兄ちゃんはそのイライラを　　　　　　それで 胸のモヤモヤしていたものが
お姉ちゃんにぶつける　　　　　　　　　どこかへいってしまう
お姉ちゃんはそのイライラを　　　　　　そして，犬の頭を
私にぶつける　　　　　　　　　　　　　毛がぐしゃぐしゃになるまで
　　　　　　　　　　　　　　　　　　　なでてやる

図1　やつあたりの詩

に癒されている。私の家を「私の学校に」，お父さんを「校長に」お母さんを「教頭に」お兄ちゃんを「教務主任に」お姉ちゃんを「担任に」に置き換えたらどうなるだろうか。子どもたちはストレスがたまった状態になる。それが，子どもたちの中にも伝播して，弱い子どもはいじめの対象になってしまう。子どもたちのストレスを軽減するためには，校長先生のリーダーシップがその源泉となる。

初　　出
増田健太郎（2022）子供の心の SOS に気付くストレス基礎講座 12「性格とストレス」．
　　道徳と特別活動，38(12)．

コラム　外部の人材活用法

　教員の仕事は児童生徒の指導だけではなく，事務的な仕事や保護者の対応など多種多様である。現在では，発達支援員や事務補助員などの外部人材を雇用する自治体も増加している。外部人材を活用すると教員の仕事量の軽減になると思われがちであるが，その外部人材のスキルとニーズ，そして，学校側の協働性がなければ，コーディネートする時間や外部人材との人間関係で，逆効果になることもある。

　筆者が九州大学に着任して以来，18 年間行っている「スクールメンタルサポーター」（SMS）活動での体験を事例として紹介する。SMS 活動とは，臨床心理士・公認心理師を目指す大学院生が，毎週金曜日に小学校・中学校の不登校児童生徒や発達障害児童生徒の対応や心理教育等を行うボランティア活動である。1 校に 2 名ほど派遣している。午前 8 時 30 分から午後 5 時まで学校で活動し，その後，大学でシェアリングと集団スーパーヴィジョンを行っている。参加している大学院生は，臨床心理士・公認心理師を目指しているため，臨床心理学の基礎を身につけている途上であるが，学校現場で子どもたちと関わりたいというニーズを持っている。交通費や薄謝は筆者の研究費から賄っているので，学校の金銭的負担はない。地域によっては，大学生を学校に派遣するスクールサポーター制度があるが，その臨床心理版である。

　1 学期の前半は，学校側も SMS をどのように活用してよいかわからずに，学校も SMS も戸惑う時期である。しかし，6 月ごろから，SMS の人柄やスキルを理解してもらうと，活動の幅が広がり，いろいろなことが展開できる。しかし，2 学期を過ぎても，活用方法がわからずに，印刷や清掃などの雑用が大半をしめるという学校もあった。1 年契約で活動をするので，まじめな大学院生たちは，学校現場に関わりたいというモチベーションだけで，学校に毎週行

っていた。では，SMS を活用できる学校と活用できない学校の違いは何か検討してみたい。

　SMS を活用できている学校は，職員室が開放的で教員が大学院生たちによく話しかけており，大学院生が何のために学校に毎週来ているのか，ニーズを自然に把握している。教育実習生は，教師スキルを身につけるために査定授業があり，模範授業をしたり，指導案の作成など負担が大きい。また，常に見られているという緊張感もある。しかし，SMS は固定した活動はなく，不登校児童生徒や発達障害児童生徒の支援や学習補助，時には，先生の愚痴を聞く役割を担うなど自由に展開できる。職員室が開かれた関係にあること，コーディネーター役の先生──主に教頭先生──がいれば，担任のニーズと SMS のニーズを聞き取り，その日の活動をコーディネートする。SMS は，子どもと関わったり，心理教育をすることで，学校現場のリアリティを体験的に理解するとともに，自分の学校臨床観を構築し，学校内での人間関係の作り方を学ぶ。SMS のニーズを満たす活動ができれば，印刷や清掃などの雑務も快く引き受けることができる。教員からは，「児童の心理的支援について話を聞きたい」等の要望が出てくる。「また，来年度も来てほしい」との声も上がってくる。学生も，学校から感謝の気持ちを伝えられたり，子どもの成長を感じられたりすると SMS 活動をやっていてよかったということになる。中には，小学校 3 年生から中学 3 年生になるまで，ある発達障害の児童のケアを代々引き継いだこともある。

　外部人材を活用するためには，その人材のスキルとニーズを見極め，教員のニーズとマッチングすること，活動のあとに，具体的なポジティブフィードバックをすることが大切である。

第2部　学校臨床の実際と対応

第 4 章

不登校の現状と対応

Ⅰ　不登校児童生徒の現状

　不登校は，「心理的・情緒的・身体的あるいは社会的要因・背景により，児童生徒が登校しない，あるいはしたくともできない状況にあること（ただし，病気や経済的理由によるものを除く）」（文部科学省。以下，文科省）と定義されている。これまでの不登校の歴史を振り返ると，1976（昭和 51）年度から調査が行われ，当時は年間 50 日間以上欠席で不登校としていた。しかし，1991（平成３）年度から「年間 30 日以上」の欠席を不登校としている。また，2003（平成 15）年には，適応指導教室（現在は教育支援センターと呼ばれている）などに通所または入所している者は，校長が当該施設への通所または入所が学校への復帰を前提とし，かつ，不登校児童生徒の自立を助けるうえで有効・適切であると判断する場合は，指導要録上，出席扱いにできるとしている。

　文科省の学校基本調査によれば，児童生徒の不登校の数は 2001（平成 13）年までは急増しており，その後は増減を繰り返しながらも減少傾向であったが，2013（平成 25）年からは小学校・中学校とも増加に転じている。2022（令和４）年度の不登校児童生徒数は，小学校 105,112 人で 1,000 人あたりの不登校児童生徒数 17.0 人，中学校 193,936 人で 1,000 人あたりの不登校児童生徒数 59.8 人であり，小・中学校合わせた不登校児童生徒数は前年度から 54,108 人急増しており，1,000 人あたりの不登校児童生徒の数は 31.7 人と過去最高である（図１参照；文部科学省，2023）。

　また，新型コロナウイルス感染回避児童生徒数は，小学校 16,155 人，中学校 7,505 人であり（文部科学省，2023），不登校人数にはカウントされていないが対応が求められている。不登校の背景は，大別すれば，社会的要因・学校要因・家庭的要因・本人要因が考えられる。教育改革による教師の多忙化，発達障害児童生徒の二次的障害としての不登校，教育ネグレクト，学校でのいじめや学級崩壊の問題，保護者の価値観の多様化など様々な要因が複雑に絡み合っての現象である。

　不登校やいじめ等の問題への対応のために，1995（平成７）年度から当時

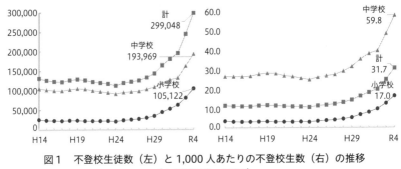

図1　不登校生徒数（左）と1,000人あたりの不登校生数（右）の推移
（文部科学省，2023）

の文部省が開始した「スクールカウンセラー活用調査研究委託事業」として学校へのSCの派遣が始められており，現在では，全校配置が目指されている。また，文科省が2006（平成18）年度より開始した事業に「スクールソーシャルワーカー活用事業」があり，SSWが地方自治体ごとに雇用されている。SCとSSWが非常勤や嘱託であるため，日常的な対応を行うために，地方自治体においては不登校対応教員を配置している所もある。

　上記の対応をとっているにも関わらず，2013（平成25）年度の不登校児童生徒数の急増，出現率も2012（平成24）年度の2.56から2.69に増加しており，特に以降の調査においても小学校の不登校児童の増加・出現率は過去最高である（文部科学省，2023）。

　臨床心理の専門家としては，要因や背景を考えることは大切であり，その際の視点は，「じっくりと取り組むべきか，短期に解決してしまうのか，期間はどのぐらいか，本人や家族の誰に焦点をあてるべきか」（河合，1999）の「見立て」が重要であるが，本人や保護者，学校にどのように助言をするのかは，原則はもちつつも，ケースバイケースである。

　多くの論者が指摘しているように，不登校の要因を求め過ぎると，責任論になり，学校や家庭，社会の問題に帰結される。要因を探り，その要因を解消することは必要ではあるが，児童生徒が不登校になったとき，どのように対応するのかを行政，学校，保護者，そして専門家がより具体的に提案し，実践していくべきである。

　不登校児童生徒の問題は，自殺やひきこもりとの相関も高く，文科省や各地方自治体においても，SCやSSWの派遣，不登校対応教員の増員，教育支援センター（適応指導教室）の設置促進など多様な施策を行っている。

II　「不登校０」はよいことなのか

　「不登校児童生徒を０にする方法」は，長期的に考えると難しい問題ではない。このまま少子化が続くとやがて，子どもたちは０になり，必然的に不登校児童生徒は０になる。もう一つは，1980年代にイヴァン・イリイチ（Ivan Illich）が提唱した「脱学校論」の徹底である。学校制度から脱却し，内発的動機付けを土台とした独学をさせることである。現代的にアレンジすると，学校という物理的建物をなくし，ITを駆使して，ネット環境の中で学校を構築し，家で学習させることである。その方が教育予算もかからずに，不登校もいじめも教師のうつも，保護者のクレームも，そして子どもの自殺もなくなるかもしれない。

　「不登校児童生徒を０にする」ことを目標としたり，それを自慢する校長がいたりする。それは，子どもたちや保護者にとって有形無形の圧力となっている。担任が不登校の子どもを迎えに行く，毎日学校に来るように電話をかける。担任が電話をかけても学校に来ない場合は，校長が保護者に電話をかけたりする。「熱心」であればあるほど登校刺激をする。それは不登校の子どもたちや保護者にとって，本当に「刺激的」であり，最悪の場合，取り返しのつかない悲劇を生む。その最たる例がいじめ自殺である。2006（平成18）年10月11日福岡県筑前町中学２年生。2010（平成22）年10月23日群馬県桐生市小学６年生。2011（平成23）年10月11日滋賀県大津市中学２年生。2015（平成27）年７月５日岩手県矢巾町中学２年生。上述した以外にも報道されていないいじめ自殺も多い。もし，不登校になっていたら尊い生命は守られたはずである。大きな悲しみと強い憤りを感じざるを得ない。ここで，学校に行かない権利があることを強調したい。

　2015年頃から，児童生徒の自殺特異日があることの警鐘がマスコミでも取り上げられ，新学期の始業式前後が要注意であることが喧伝された。しかし，不登校やいじめ，自殺などは，事後対応ではなく事前対応，つまり予防がとても重要である。

　人間が２人以上集まるとトラブルが起きることは当然のことである。そのトラブルを子どもたちから見ると「何を学ぶか」，教師から考えると「何を学ばせるか」が大切である。その前提として学校は「安心・安全な場」であり，生命が保障される必要がある。子どもたちにとって学校に行って学ぶことは「権利」であり，教育行政や学校・保護者は子どもたちを学ばせる「義

務」がある。その権利と義務の条件は，学校が「安心して学べる場所」であることである。不登校児童生徒0は，目標ではなく，「結果としての0」である。

不登校が社会問題化した時期には，「理解即支援」ということも広がっていたが，理解とともに，制度的・組織的・専門的な具体的支援が必要である。

本章では，不登校を少しでも減らしていくためには，不登校をどのような文脈で理解し，支援していくのか考えたい。

我が子が不登校になったときの親の悩みは深い。また，教師の対応は，予防教育・早期対応・不登校時の専門機関との連携など，具体的支援が必要である。学校や教師は，年度単位で時間的区切りがあるが，不登校児童生徒本人，親にとっては，人生という長いスパンの問題である。

III　不登校児童生徒への対応

1．マクロ的な対応

不登校児童生徒の問題は，自死やひきこもりとの相関も高く，文科省や各地方自治体においても，SC や SSW の派遣，不登校対応教員の増員，適応指導教室の設置促進など多様な施策をおこなっている。さらに，以下のような対応が検討され実施されている。

2013（平成25）年12月21日の中央教育審議会答申では，学校外の校医・SC・SSW などを積極的に活用するために「チーム学校」という理念を掲げ，学校教育法の改正を行い，2017（平成29）年度に導入された。理念としてのチーム学校は存在するが，実際の現場で実質的にチーム学校になっている学校はどれだけあるだろうか。

2004（平成16）年度に策定していた「フリースクール等で学ぶ不登校児童生徒への支援モデル事業」を前倒しして，低所得者に対して，フリースクールで学ぶための経済的支援を打ち出している。また，教育支援センター（適応指導教室）の設置が各地方自治体で6割にとどまるため，教育支援センターの設置促進と，家庭訪問での学習指導・進路指導を行うためのコーディネーターの配置などを検討している。学校以外に居場所を作ることは児童生徒や保護者の孤立化を防ぐとともに，学校や社会復帰に向けたサポートとして，とても有効である。また，学校にも教育支援センターにもつながっていない児童生徒を支え，孤立化を防ぎ，社会的資源などの情報提供を行うためにも，家庭訪問などを専門家が学校との協力のもと行うことはとても有効な方法で

ある。

　チーム学校の理念も，「知・徳・体」の全人教育を求められてきた教員にとって，負担感や多忙感を減らし，医療・臨床心理・社会福祉の専門的知見とスキルを取り入れることが可能になる制度と言える。しかし，不登校対応もいじめの対応も，法律を整えるだけではなく，調査を行い，効果検証を行っていくことが求められる。上述してきたようなマクロな制度が形骸化しないためには，不登校児童生徒や保護者の心に届き，学校現場の先生の多忙感が軽減されるものでなければ，意味をなさない。現場の先生の意見を聞きながら，学校の実情に応じた実効性のある仕組みを作ることが肝要である。

２．中１ギャップの対応

　2022（令和4）年度の中学校1年生の不登校生徒の数は小学校6年生の不登校児童の数の約2倍である（図2）。この傾向は近年変わっていない。中1ギャップの背景には，小学校時代に潜在化していたものが中学校になって顕在化した不登校と，小学校と中学校の学校文化の差の中で不適応を起こした不登校の2つの要因が考えられる。

　小・中学校の学校文化の非連続性を解消するために，近年は小中一貫校の設置など，制度的な変革が行われている。しかし，いまだに，中1ギャップは解消されているとは言い難い。小学校と中学校の違いは，担任制から教科

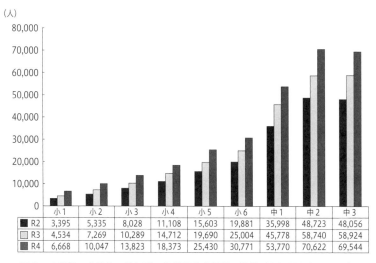

（人）

	小1	小2	小3	小4	小5	小6	中1	中2	中3
R2	3,395	5,335	8,028	11,108	15,603	19,881	35,998	48,723	48,056
R3	4,534	7,269	10,289	14,712	19,690	25,004	45,778	58,740	58,924
R4	6,668	10,047	13,823	18,373	25,430	30,771	53,770	70,622	69,544

図2　小学校・中学校の学年別不登校児童生徒数の推移（文部科学省，2023）

制，単元別テストから定期テスト，学校の規則の厳格化，部活動，先輩後輩という縦社会の人間関係などがあり，中学校の文化は小学校の文化と大きく異なる。また，発達的にも児童期から思春期へ移行する難しい段階である。

表1，表2は2011（平成23）年に教育委員会の協力のもと，中学校1校・小学校2校を対象にした調査の結果である。小学校6年生には中学校生活に対してどのような不安や楽しみをもっているか，また，中学校1年生には，中学校の不安をどのように乗り越えたか，入学後，楽しかったことは何かを調査したものである。この結果から，小学校6年生は，中学校に対する漠然とした不安をもっていることが伺える。未知なることに対しては，不安と期待をもつのは当然のことである。小学校と中学校の非連続性を低減させるためには，小学校6年生に対して，中学校の見学会・体験授業，部活見学・体験，中学校の先生による小学校での出前授業が有効であると考えられる。

また，中学1年生は，中学校への不安を乗り越えるために役立ったこととして，友人関係をあげている。この結果からは，例えば入学当初から「構成的グループエンカウンター」などを行い，自己理解と他者理解，人間関係をスムーズに行う体験型学習を集中的に行うことが有効であることが示唆される。

通常，年度末に小学校6年生担任と中学校の担当者で，情報交換会が行われる。その際に大切なことは，ありのままの子どもの姿を確実に伝えることである。配慮事項としては，中学校で「新たにやり直したい」と考えている子どもたちも多いため，子どもの長所も確実に伝えることである。そのためには，小学校の教員と中学校の教員の信頼関係が重要である。筆者が関わっているある自治体では，日常的に校区単位で，小中学校の研修会・出前授業等とともに，懇親会の機会をもち，双方が信頼関係を築くことができるように，教育委員会がリーダーシップを発揮している。中学校で不登校になったり，いじめにあったとき，小学校の教師も社会的資源として位置づけられており，情報交換をしたり，保護者や生徒のサポートを行っている。日常的な交流の中で構築されていく小学校と中学校の教員同士の信頼関係が，児童生徒の問題解決の基盤である。

IV　事　　例

子どもが不登校になったとき，保護者や学校は，どのように対応したらよいのか悩むところである。ここでは事例を通して，原則的な対応を記してお

表1　中学校に対する不安と楽しみ（小学校6年生，N = 126）

Q：先生に不安をなくすためにしてほしいこと

	%
中学校説明会・見学	30
部活見学・体験	19
先輩との交流	19
中学校の先生との交流	11
いじめ対策	6
学業	6
その他	9

Q：中学校で楽しみにしていること

部活	50
友だち	24
勉強	9
行事	5
その他	12

表2　中学校に対する不安の乗り越え方・うれしかったこと（中学校1年生，N = 169）

Q：不安をどのように乗り越えたか

	%
友だち	49
積極的行動	12
先輩	12
部活	9
勉強	7
その他	11

Q：中学校でうれしかったこと・楽しかったこと

友だち	57
部活	22
先輩	8
先生	5
勉強	2
その他	6

きたい。基本は，「元気になること，関係を育むこと」（田嶌，2005）である。

　不登校の最初の保護者からの連絡は，「体調不良でお休みします」という体の不調の連絡が多い。不登校は初期対応が大切であり，3日間欠席が続いた

場合は，３日目には電話をしてから家庭訪問をすることが必要である。そのときは，必ず放課後に行い，「保護者と本人と話したいことを話すこと，本人は会いたくなかったら会わなくてもよいこと」を事前に伝えておき，本人の逃げ道を作っておくことである。体調の問題だけであれば，不登校にはならないであろうし，不登校の兆しがあれば，その対応をすぐにとることができるからである。早期対応が必要である。以上のような点も踏まえて事例から，保護者の対応と学校の対応について検討したい。

１．いじめで転校した中学校１年生Ａ君

　中学校１年生男子生徒Ａ君の事例である。Ａ君は小学校までは，多少神経質的な性格もあったが，学業成績も優秀，友人関係も良好で，無遅刻無欠席であった。９月になり，学校に行きたくないと母親に訴えるようになり，３日間腹痛で欠席した。母親は，家では腹痛はないので，学校に原因があるのではないかと心配になり，担任に会いに行ったが，「学校では元気に過ごしています。勉強もよく頑張っています。早く腹痛が治って，登校できればいいのですが」という返答であった。１週間欠席が続いたため，単身赴任であった父親が自宅に戻った際に，「何か学校でいやなことがあったのか」と聞いたがうつむくばかりで，返事がなかった。しかし，「いじめられているのか」と尋ねると，かすかにうなずいた。学級にリーダー格の体格のよい生徒がおり，その生徒が友だちをからかっているときに，たまたま，目が合ったことを境に「嫌みを言われたり，無視をされたりするようになった」とのことであった。

　母親が学校に出向き，そのことを相談すると，担任は，「話を聞いたあと，対応します」と答えただけで，家庭訪問もない日々がしばらく続いた。その時点で，保護者から筆者に相談があった。筆者がアドバイスをしたのは，「本人が家で元気に過ごせることが大切であること」「スクールカウンセラーに相談すること」「母親ではなく，父親が学校に出向き，相談すること」「学級の状況を聞くこと」「担任だけではなく，校長・教頭・学年主任同席のもとで相談すること」の５点である。第一優先は，本人が「元気になること」である。

　不登校になって１カ月が過ぎた頃，家庭では本人は元気になってきたとのことであるが，本人も保護者も学習の遅れが不安になってきた。10月の初旬，学校に両親で相談に行き，校長・教頭・学年主任・担任と対応について話し合いの場をもった。その際，「学級でのいやがらせが原因のようなので，

対応をしてほしい」と話したところ，学級の状況があまりよくない状況が感じられるとともに，「グループを呼んで，厳しく指導します」との回答であった。保護者は，その言葉で学校に期待することをあきらめたという。「いじめや不登校など，指定校の変更が真にやむを得ないと認められる事情である場合，通学区域変更届で近隣の学校への転校も可能である」ことを保護者に伝えると，学校側も通学区域変更を認め，手続きをとった。

　11月から近隣の中学校に転校した。転校当初は，新しい環境になじめるか不安で，登校をしぶることもあったが，担任が定期的に保護者と本人と面談を続けるなど丁寧な対応だったため，中学校2年生の1学期からは，休むこともなく，中学校を卒業することができた。

　不登校生徒が元気になり，再登校をする際は，学級の状態・学校の指導や相談体制がどのようになっているかを考える必要がある。どのような要因であっても不登校は重要なサインであり，学校という環境を子どもにあったものに改善する必要がある。本事例の場合，学級のいじめが要因であり，本人が元気になっても，学級に戻ることで，再び不登校になることが考えられる事例である。

　学校・学級は「安全・安心な場」であることが必要不可欠である。学級集団が機能していない場合は，保健室や相談室・職員室など，安心していることができる場所と，相談できる人が必要である。学校は生徒が再登校しても安心できる学級であるのか，相談できる人がいるのかを見極めることが大切である。

2．母子分離不安で不登校傾向になった小学校1年生女児B子さん

　B子さんは，5月のゴールデンウィークのあと，登校しぶりが始まった。学校の職員室までは母親といっしょに来るが，担任が教室まで連れて行こうとすると泣きじゃくり，教室に上がろうとしない。また，母親が帰ろうとするとさらにひどく泣きじゃくり，パニックになった。担任は他の児童がいるために，B子さんだけに対応することはできず，担任もひどく困惑した。職員室前まで，母子ともに来るが，泣きじゃくることが1週間続いたため，職員室に来たあとは，母親といっしょに帰る日が続いた。いわゆる母子分離不安が一つの原因で不登校傾向の児童である。

　完全に不登校の場合は，担任は放課後に対応すればよいが，学校には来るが教室には入れない不登校傾向の場合は，その対応に苦労することが多い。

管理職と担任，教育相談担当で検討した結果，教室にも椅子を用意して，母親に母子登校をお願いすることになった。また，専門の相談機関にも紹介して，母子ともに相談に行ってもらうことにした。相談機関に１回行った母親は，「担当の方との話が合わない。場所的にも距離が遠いため，専門機関には行かないことにした」とのことであった。母子同伴登校でも，学校に来る日もあれば欠席する日もあり，また，給食を食べずに家庭に帰ることもあった。教育相談担当が母親と父親と面接をおこなった。Ｂ子さんには小学校５年生の姉がおり，姉妹の仲はよく，家庭では泣くこともなく，普通に過ごしている。小さい頃は育てやすい子どもだったが，母子分離不安になる原因はよくわからないとのことであった。母親とは２週間に１回，教育相談担当が面接をし，Ｂ子さんの家庭での様子と対応について話し合うことになった。家庭での様子を記録に取ってもらうことにした。また，登校しぶりがみられたときは，無理に学校に連れて行かないことも決めた。Ｂ子さんが学校に来たときは，担任だけではなく，管理職を含めた全職員が関わることを方針とした。

　７月になると学校を欠席することが増えてきた。１週間に２回母子同伴登校ができるくらいであった。その状態で夏休みを迎えた。２学期になり，母子同伴で始業式を迎えた。家庭の事情で母親も仕事を始めることになり，学校まで連れてくるが，その後は学校で対応してほしいとのことであった。

　学校では，職員室にいる教頭・教務主任，専科教員，養護教諭が連携して対応することになった。Ｂ子さんが母子同伴登校をしたあとは，対応できる教職員がＢ子さんの対応をする。Ｂ子さんが教室に入りたいと言えば教室に入るが，他の場所に行きたい場合は，対応する教職員がＢ子さんと一緒に過ごすことにした。Ｂ子さんはウサギ小屋の前で過ごしたり，植物を眺めたり，保健室で絵を描いて過ごすことが多かった。学校の敷地から出ることは禁止，家に帰りたくなったり，教室に入りたくなったりしたときは，対応している教員に話すことの２つの約束をした。保健室で過ごしているとき，休み時間に同じ学級の子どもたちがＢ子さんのところによく遊びに来るようになった。一緒に絵を描いたり，お手玉をしたりして，友だちと過ごす時間が少しずつ延びていった。給食は保健室で食べるが，同級生２人とも一緒に食べることになった。

　10月になり，学校でも落ち着いてきたようではあるが，11月に入ると，また欠席も増えるようになってきた。何が原因なのか教師もわからないままであった。学校としては，Ｂ子さんが家にいるのも，学校に来るのも，教室

に入るのもＢ子さんの意思を尊重すること，Ｂ子さんの気持ちに寄り添い，Ｂ子さんの成長を長い目で見守ることを方針とした。11月は欠席が多かったが，12月になると少しずつ学校に来ることが増え，教室に入る時間も長くなっていった。教室外にいるときは，手が空いている教師がＢ子さんに対応するため教師の負担は大きいものがあった。しかし，学校の教職員の関係性がよかったために，このリレー方式のＢ子さんの見守り対応が可能になったと考えられる。

　母親との面接も２週間に１回定期的に行われ，Ｂ子さんの学校や家庭での様子も両親と学校で共有することができていた。ご両親は学校の対応にとても感謝され，「学校に行かせたい」という思いが少しずつなくなってきたようである。また，家では，できるだけＢ子さんと話したり，料理をする時間を増やしたりしたとのことであった。３学期になると教室にいる時間も長くなった。２年生になると他の児童と一緒に教室にいることができるようになり，不登校傾向は解消された。

　このケースでは，専門機関にも頼れずに，学校だけで不登校傾向の児童の対応をした。母子分離不安であることはＢ子さんの行動で理解できたが，その対応に学校も両親も困ったケースである。学校の教職員の関係がよく，情報共有もされており，Ｂ子さんの対応もリレー方式で自然な形で対応できたことが，両親の不安を軽減し，Ｂ子さんの学校に対する安心感を醸成することになったと考えられる。その結果，不登校傾向が解消された。不登校傾向の児童の対応は，担任だけでは不可能である。学校の教育相談体制と態勢がＢ子さんへの個別対応を可能にしている。チーム学校とは，教職員同士が常に情報共有を自然な形で行い，役割分担ができることである。

３．いじめをきっかけに昼夜逆転した中学校１年生Ｃ君

　Ｃ君はスポーツ好きで，小学校を休んだことはない。中学校の部活動なども楽しみにしており，入学当初は毎日登校していた。担任のＤ先生は担任を受け持つのははじめてである。ところが，連休明けの５月９日（月）の朝，母親から「体調がわるいので，今日は学校を休ませます」と電話連絡があった。さらに火曜日水曜日も「体調がわるいので，欠席します」との連絡があった。心配になったＤ先生は，昼休みにＣ君の家に家庭訪問をして，Ｃ君と話をした。本人は「頭痛がしたので，３日間休みましたが，元気になったので，明日から登校します」と元気に話してくれて安心した。母親は，「連休中はゲームばかり

して，家族で出かける以外は，ずっと家にいてゲームばかりでした。地域の野球クラブも休んでいた」と心配そうに話していた。D先生は，「明日から登校します」という言葉を聞いて安心し，それ以上C君や母親から話を聞くことはしなかった。しかし，C君は1学期の間，学校に来ることはなかった。

4月は緊張感で頑張る子どもたちはたくさんいる。担任に対しても友だちに対しても，よく思われたいという気持ちが働くからである。その緊張感が連休で「ふと，切れてしまう」場合がある。また，運動が苦手な子どもは，連休明けから始まる運動会の練習がストレスになっている場合もある。教育支援センター（適応指導教室）の子どもたちと接していると，「どうして，この子どもが不登校？」と思うほど，元気に振る舞っている子どもたちがいる。元気そうに見えても，メンタルに不調をきたす子どもたちが今は多い。だから，「不登校は誰にでも起こる事象」だと言われているのである。

不登校の始まりは，「体調不良や風邪で，お休みします」という電話から始まる場合がたくさんある。最初から「学校が嫌なので，休みます」という子どもはほとんどいない。体調不良の欠席でも，3日間連続して休んだら，家庭訪問をすることが必要である。本当に体調不良なら，体調が回復すれば登校するようになるが，生活リズムの崩れから自律神経失調症になったり，学級や友人に原因があったりする場合，対処しなければ，そのまま不登校になってしまう可能性が大きい。友人関係のトラブルなどは，早めに解決することが求められる。また，生活リズムを崩さないために，朝起きなくても一度は起こして，カーテンを開け，日光を浴びさせることも大切である。どのような背景で休んでいるのかを理解し，どのように対処するのかを判断するポイントが最初の3日間の対応にある。

C君は，学級の友だちとのトラブルから，LINEでの仲間外しにあい，連休中も友だちとも遊ぶことはなかった。また，所属している野球チームにもトラブルを起こした同級生がいて，野球チームも休みがちになっていた。結局，ゲームばかりして，昼夜逆転の生活になり，朝起きることができずに，学校に行くのが面倒くさくなった。

家庭訪問の際，学級のことや野球チームのことなど，休んでいる理由を訊くことができれば，学級の中で対処することができたかもしれない。電話やオンラインでは話しにくいことも，対面で会うと，「実は……」と心の底に溜まっていることを話しやすくなる。

表3　家庭訪問のコツ

1	事前に電話しておく
2	学校がある時間は緊張しているので，放課後に行く
3	時間は30分と決めておく
4	本人が会いたくなかったら，部屋の中にいて出て来なくてよい
5	不登校が長引きそうだったら，次回家庭訪問をする日程を伝えておく
6	学校のプリント類など登校刺激になるものは，保護者に渡して，本人の負担にならない場合は本人に渡してもらう
7	家の中で，安心できるように過ごすことを第一優先に考える
8	本人が不安や心配事の話をしたら，丁寧に聴き，対処できることは対処する

　家庭訪問は子どもが緊張しない放課後に行うことが基本である（表3）。学校があるときは，不登校の子どもたちは，罪悪感を抱えている場合や緊張した時間を過ごしていることも多くあるからだ。また，担任と会いたくない場合もある。会わないでもよいという「逃げ道」を作っておくことも大切である。長期化しそうな場合は，定期的に家庭訪問を行ったり，SCやSSWにつなぎ，教職員と専門家で継続的に支援したりすることが求められる。

V　不登校児童生徒の対応のヒント

　保護者は，早めに学校に相談すること，SCやSSWなどの心理職や関係機関に相談するとともに，子どもが家庭内で「元気になる」「楽に過ごせる」ことを第一優先に考え，次に，学校か適応指導教室，自治体や大学などが行っている不登校児童生徒対象のメンタルフレンド[注1]などの活用，塾，スポーツクラブ，家庭教師など，少しでも家族以外の人と「関係を育むことができる」ところと保護者自身が繋がっておくこと，子どもを繋げることが求められる。

　学校は児童生徒が不登校になったとき，本人と保護者の気持ちをしっかりと聴くことが最も重要である。友人関係や教師との関係など何が原因かわかれば，その対処を行い，環境調整をする。学級には入れないが，学校に来ることができる場合は，不登校対応の教室（ステップルームなど）や保健室や相談室など，本人の居場所になれば，本人の意思確認をしたあとに，その場所で自習や個別対応を行う。完全に不登校になった場合は，教師の無理のな

注1）大学生や大学院生が児童生徒の家を訪問し，遊んだり話したりして支援する活動。

い範囲で，曜日と時間を決めて，家庭に電話をする，家庭訪問をするといったことも必要である。

　SC が不登校児童生徒に対応する際には，担任や前担任，養護教諭などから事前に情報を得て，その学級の様子を観察した上で面接をする。不登校の原因が，学級の友人関係や学級の状態，担任との関係に起因することも多いからである。SC がクリニックや相談機関などに紹介するときには，必ず「情報提供書」を作成し，保護者に渡すことが必要である。

　医療機関では，紹介状ないしは情報提供書を作成し紹介先に持参させることが文化として根付いているが，SC にはその文化が定着していないようである。相談機関からすると SC はどのような見立てで相談機関を紹介したのかがわからない。SC と連携する必要がある場合に，紹介状があれば，その SC に繋ぎやすくなる。状況に応じて，SC や SSW とケース会議も可能になる。

　不登校児童生徒本人も保護者も学級担任も，一人で悩み誰にも相談しないことが，一番危険なことである。安心できる誰かにすぐに相談すること，学校は相談しやすい教職員の関係を作っていくこと，関係機関との連携や関係作りが日常的に求められている。

初　　出
増田健太郎（編著）（2016）学校の先生・SC にも知ってほしい：不登校の子どもに何が必要か．慶應義塾大学出版会．

引用・参考文献
河合隼雄（編）（1999）不登校．金剛出版．
喜安悠・大屋藍子・大河内幸・竹本春香・増田健太郎（2011）．中1ギャップの要因に関する心理学的検討―小学校6年生と中学校1年生への質問紙調査から．九州大学総合臨床心理研究，3; 3-12.
増田健太郎（2015）．「不登校ゼロ」は，本当によいことなのか．教育と医学，63(9); 2-3.
文部科学省（2015）中央教育審議会答申　新しい時代の教育や地方創生の実現に向けた学校と地域の連携・協働のあり方と今後の推進方策について．https://www.mext.go.jp/b_menu/shingi/chukyo/chukyo0/toushin/__icsFiles/afieldfile/2016/01/05/1365791_1.pdf
文部科学省（2023）令和4年度　児童生徒の問題行動・不登校等生徒指導上の諸課題に関する調査結果について．https://www.mext.go.jp/content/20231004-mxt_jidou01-100002753_1.pdf
田嶌誠一（2005）不登校の心理臨床の基本的視点―密室型心理援助からネットワーク活用型援助へ．臨床心理学，5(1); 3-14.

最初に質問を１つ。

現在は戦後すぐに比べ，殺人事件は増えているだろうか，減っているだろうか。そして全人口における少年事件は増えているだろうか減っているだろうか。

現在の殺人事件は，戦後最低を記録し，少年事件も減っている。マスコミが殺人事件や少年の猟奇的な事件を大きく取りあげるので，増えていると感じるだろうが，報道によって形成されるイメージと実相の乖離はシビアに見ていく必要がある。人間は印象で判断しがちだからである。

両親が子どもの非行に困って相談に来るケースは多いが，本人が来ることは希である。親が困っても，本人は困っていないからだ。ある日，両親が中２の男の子を連れて相談に来た。両親ともに地位のある職業に就いており，とても温厚で教育熱心だった。少年の方は小柄であいくるしい感じがした。「よく来たね」と声をかけても無反応だった。筆者は少年に，ここでは何をしてもよく，本人の了解がない限り両親や先生に伝えることはないから，安心していいと話した。少年はおもむろにテレビゲームを取り出して遊び始め，対戦ゲームには筆者も参加したが，少年は無言で指を動かしていた。

両親の話では，少年は非行グループに入り，夜遊びや万引きで先生によく注意をされるようになり，学力も落ちた。何度も話し合い，時には父親が叩いたりもしたが，なかなかよくならず，カウンセリングを受けることにした。少年はしぶしぶついてきたとのことだった。翌週からは卓球がメインの遊びになった。運動神経がよく，時には怒りを感じるようなスマッシュをこちらに打ち込んでくる。サンドバックも思いきり叩き，手は大丈夫かと心配になるほどだ。そんなプレイが３カ月続いたころ「ここに来てどう？」と聞いてみたら，「最初は面白くなかったけど，終わったらスカッとする」と小声の返事。

非行グループのことを聞いてみると，ぽつりと，時々パシリにされるのがイヤだと答えた。「それなら抜けたら？」と言ってみたら「パシリでも仲間がいる方がまし」と悲しそうな顔をした。「無人島の孤独より都会の中の孤独の方がつらい」という言葉を思い出し，「寂しいよね」と言うと，またサンドバックを叩きはじめたが，以前とは明らかに違い，いらいらをぶつけるのではなく，考えながら，一発一発，叩いていた。

両親面接も継続して行われていたため，ご両親の少年への対応にも変化があった。上から「〇〇しなさい」という言葉ではなく，少年が何に困っているのか，話を聴くことが多くなった。また，学業については「半分，あきらめました」との言葉もあったようだ。それから半年が過ぎたころ，学校に行くことができなかった少年が少しずつ学校に行くようになった。非行グループからも距離をおくことができ，自分の将来のことを考えられるようになっていた。通信制の高校に合格したことを契機に面接は終結した。

第5章

いじめの問題とその対応

I　いじめ問題とスクールカウンセラーの役割

1．いじめの定義

　いじめ問題は古くて新しい問題である。SCが導入されたのも，1994（平成6）年の「愛知県西尾市中学生いじめ自殺事件」で同級生に恐喝や暴行を受けて中学2年の男子生徒が自死した事件が契機である。いじめ問題の解決は，SCの職務の大きな課題である。

　2013（平成25）年6月21日に「いじめ防止対策推進法」が成立した。条文では，いじめを「児童等に対して，当該児童等が在籍する学校に在籍している当該児童と一定の人的関係にある他の児童等が行う心理的又は物理的な影響を与える行為（インターネットを通じて行われるものを含む。）であって，当該行為の対象となった児童等が心身の苦痛を感じるもの」と定義した。その中に，インターネットでの行為も含まれるとしている。また，重大事態として法第28条第1項においては，「いじめにより当該学校に在籍する児童等の生命，心身又は財産に重大な被害が生じた疑いがあると認めるとき」（同項第1号），「いじめにより当該学校に在籍する児童等が相当の期間学校を欠席することを余儀なくされている疑いがあると認めるとき」（同項第2号）とされている。重大事態が発生したときは，「いじめの重大事態の調査に関するガイドライン」（文科省，平成29年3月）に沿って，調査・報告や第三者委員会の設置などを求めている。

2．スクールカウンセラーの役割

　いじめ防止対策推進法の主な骨子の中でSCに関係するものは，「①学校とその設置者は，道徳教育や体験学習の充実，②早期発見の措置，③相談体制の整備を図る，④行政はいじめ防止のための教員研修や人材確保の措置をとる，⑤複数の教職員やカウンセラーらによるいじめ防止対策の組織を常設，⑥いじめがあった場合，学校は速やかな事実確認・被害者の支援・加害者の指導・助言，⑦重大な犯罪行為は警察への通報，⑧いじめた子は懲戒や出席停止措置を適切にする」の8点である。また，付帯決議として，「いじめの対

処について第三者の参加などで公平性・中立性の確保」と「調査結果などを保護者と適切に情報共有」することが求められている。

　これまで以上に，SC に対するいじめ防止・早期発見の役割は大きなものになっている。期待される役割の1つ目は，道徳の授業などで，体験学習を取り入れた心理教育を行うことである。SC は構成的グループエンカウンターやストレスマネジメントなど，体験的なスキルをもっている。2つ目は，早期発見のための取り組みであり，いじめ防止のための教職員研修会やいじめ発見のためのアンケートへ積極的に関与していくことである。3つ目に，いじめ防止を中心とした相談体制の中心的役割を担うことである。また，4つ目はいじめ発覚後の事実確認と被害者・加害者の支援である。最後に，警察に通報するかどうかの判断に関するコンサルテーションも SC の役割として，担わされることもある。

　SC の現在の勤務状況の中で上に述べたような活動が実質的に可能かどうか，難しいところではあるが，今まで文科省の通知などを根拠にしていたいじめ対策が法的根拠を付与されたことによって，今後は SC のいじめ問題への対応が，SC の評価に繋がると言っても過言ではない。黒子ではなく，いじめ問題解決のキーパーソンとして，限られた勤務時間の中で，活動していく方法が求められているのである。

　そこで本章では，いじめの予防と早期発見の方法，いじめ発覚後の対応について論じていくこととする。

Ⅱ　現在のいじめ問題

1．現在のいじめの現状

　2023年（令和4）年度の文科省の調査によると，小・中・高等学校および特別支援学校におけるいじめの認知件数は681,948件（前年度615,351件）であり，前年度に比べ66,597件（10.8％）増加している（詳細は図1参照）。児童生徒1,000人あたりの認知件数は53.3件（前年度47.7件）である。増加の理由は，コロナ禍で休校措置が2カ月間にわたってとられたことの影響だと考えられる。

　年度末時点でのいじめの状況について，解消しているものは525,773件（77.1％）であった。重大事態の発生件数は，923件（前年度706件）のうち，法第28条第1項第1号に規定するものは448件（前年度350件），同項第2号に規定するものは617件（前年度429件）であり，重大事態の件

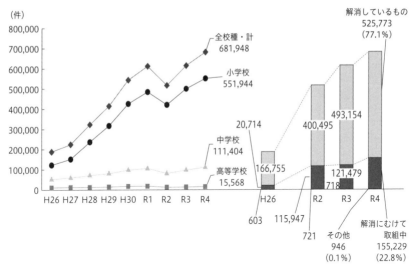

図1　いじめの認知件数の推移といじめの解消状況の推移（文部科学省，2023）

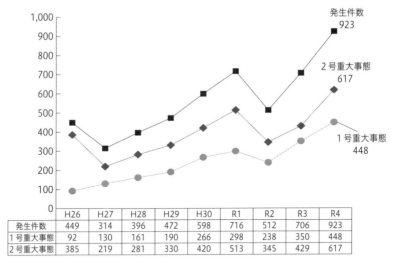

	H26	H27	H28	H29	H30	R1	R2	R3	R4
発生件数	449	314	396	472	598	716	512	706	923
1号重大事態	92	130	161	190	266	298	238	350	448
2号重大事態	385	219	281	330	420	513	345	429	617

図2　いじめ防止対策推進法第28条第1項に規定する「重大事態」の発生件数
（文部科学省，2023）

数は増加している（詳細は図2参照）。この調査はいじめの認知件数であり，いじめ調査の方法も各地方自治体で異なることもあり，実際にはもっと多いものと推察される。

2. 現代のいじめ問題の特徴

　最近のいじめの特徴は，いじめの対象には誰でもなるという「ロシアンルーレット型いじめ」である。これは誰がいじめに遭うかわからないので，いつも誰もがいじめられはしないかと不安でドキドキしていなければならず，「いじめに加担しなければ，次は自分かもしれない」といじめが連鎖的に起きてしまうこともある。いじめの構造が単純な「いじめる子」「いじめられる子」「観察者」「傍観者」という4層構造ではなくなったのが，現代型いじめの特徴である。いじめられている子どもが，命令されて他の子どももいじめることもある。また，携帯電話とパソコンの普及によって，誹謗中傷をネットで流す「なりすましいじめ」もある。ある日突然，自分の携帯に知らない人から連続して誹謗中傷の文面が送られてくる。それが誰なのかがわからない。対象がわかっている場合よりも，もっと不安な状況になり，人間不信に陥る。ロシアンルーレットの例えで言うと，誰がピストルを撃っているのかわからない状況なのである。

　ロシアンルーレット型いじめは，いじめの加害者と被害者がいつ入れ替わるのか，わからない状況である。昨日までは友人だったのが，携帯のやりとり一つで，いじめる‐いじめられる関係になることも多い。大人から子どもたちの関係の変化が見えなくなっている一つの要因には，集団で子どもたちを見ていく発想が教師の側に弱くなっていることもある。フォーマルな集団の状況だけで判断し，インフォーマルな集団を見る観察眼が衰えてきていることである。

　いじめを早期発見する方法をSCが研修会で教職員に教授する必要がある。例えば，いじめられている子どもは，学年が上がるにつれて「いじめられている」とは言わなくなる。それは，自分の自尊感情が傷つけられること，相談することでいじめがひどくなることへの不安があるからである。また，いじめられていても笑っている場合もある。これはマニック（躁的）な防衛である。そのことを教師は知らずに，けんかや子ども同士がじゃれ合っていると捉えていじめを見過ごす例も多い。

　子どもたちの休み時間の様子，子どもたちとの会話の中で，子どもたちのインフォーマルな関係を常に把握しておくことが求められるが，多忙な教師たちに，どのようにインフォーマルな関係を把握したらよいのか，研修会や雑談の中で，常に意識させておくことが必要である。ソシオグラム（児童生徒の人間関係を質問紙で調査し，関係図を図式化したもの）の作成はインフ

ォーマルな関係を把握するために有効であるが，人権問題の影響もあり，今
は使われていない。しかし，教師たちに子どもの観察・日常会話の中で，ソ
シオグラムをイメージしてもらっておくことが，いじめ問題の早期発見に繋
がるだろう。

　いじめの事実確認も非常に難しくなっている。前述したように加害者と被
害者が入れ替わることが多いからである。早期対応は必要であるが，しっか
りと事実確認をしないまま対応すると，いじめの加害者であり，被害者でも
あるという二重構造になっている場合もあり，保護者会を開いても異なる事
実が出てきたり，教師側の認識とずれが大きく混乱したりする可能性もある。
いじめの事実調査は，教職員全体で早急に行う必要があり，その際に子ども
たちを傷つけない聴き方を SC が指南することはとても重要である。

Ⅲ　いじめ問題の対策

　いじめ問題の対応は大きく分けて2通りある。一つはいじめ問題が起こっ
たときに「被害者」の気持ちに寄り添いながら，加害者と学級集団を指導す
るという対症療法的なものである。もう一つは学級集団作りである。いじめ
が起こらない学級集団作りと子どもの人権意識を向上させる活動である。教
育課程においては，特別活動・道徳で行われる。いじめに関して言えば，予
防的な対応である。従来の学校における「いじめ防止の授業」は弱者の気持
ちに寄り添うことと加害者の行為を批判し，いじめが起こったらクラスメイ
トが「注意をする」という「すべき論」を前提に構成されていた。しかし，
現実的には仲裁者はいじめの被害者に転化されることから，その実効性は低
かったと言える。いじめの現実に対する教師側の意識と子ども側の意識のず
れが授業展開の効果を見えにくくしている。また，人権学習が道徳の副読本
などを用いた座学中心であり，いじめが起こったときは，教師の説論で解決
したような錯覚に捉われてしまっていた。その現状から新しい授業展開とし
て登場してきたのが，構成的グループエンカウンターの技法を取り入れた授
業である。いじめの予防的な授業展開ができる根拠として，「自己理解・他者
理解・自己受容・自己主張・信頼体験・感受性の促進」が必要である。これ
らのキーワードは臨床心理学が従来カウンセリングの中で重視してきたもの
やそこから派生してグループカウンセリングなどで重要とされてきたもので
ある。このキーワードを体験学習するプログラムとして組み立て，実践する
スキルが SC には求められる。

　一つの具体例として，筆者が小学校5年生と6年生，中学校1年生に行った「いじめ予防教育」の授業実践を紹介したい。

　本授業のポイントは観衆の意識の変容によって，いじめは減少するという仮説を授業の中で実証することである。実施上の柱として，ロールプレイによっていじめの4層構造を視覚化し，児童生徒に実感してもらうことである。いじめの4層構造（図3）をパワーポイントで解説した後に四者に分かれ，ロールプレイを行う。ここでのポイントはロールプレイを行う児童生徒が自由に発言できるようにすることである。ただし，実際に声を出して発言すると，そのことで傷つくことがあるので，声は出さずに口パクで行う。いじめられ役は，いじめ役の後ろに観察者がいるだけで，いじめられた感覚を持つことができる。また，観察者がいじめられ役の後ろに立つだけで，安心感が生まれる。いじめ役は，いじめられ役の後ろにいる観察者を認識するだけで，いじめたいという気持ちが抑制的になる。

　いじめの構造を分析した森田（1985）はいじめにおける集団の構造は，「加害者」「被害者」といじめを楽しむ「観衆」と無関心層である「傍観者」の4層に分化しており，いじめをなくすためには，「観衆」および「傍観者」への教育が効果的であることを明らかにした。本実践はその理論に基づいたロールプレイである。図4は学習の流れである。本実践の目的は，自分の心の動きを感じながら，いじめの4層構造を理解することである。

　いじめ問題は保護者の関心も高い。そこで，保護者参観のときに行い，そ

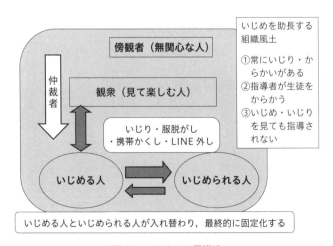

図3　いじめの4層構造

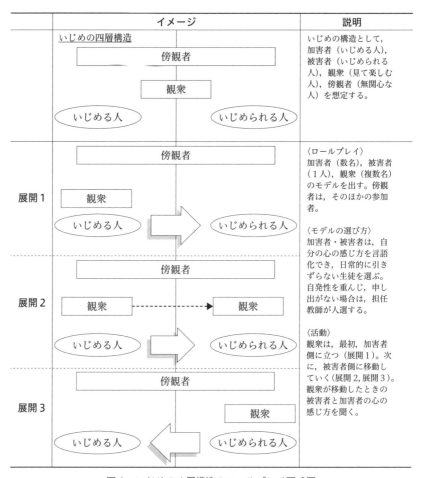

図4　いじめの４層構造のロールプレイ図式図

　の後の懇談会でいじめの構造や学級の実態を話した上で，保護者の意識を高めることも有効な手立てである。保護者が家庭の中で，子どもといじめの問題を話すことにより，子どもの意識も高めることができる。現在は，教職員研修会において体験型研修として，いじめ予防のロールプレイを行っている。いじめの構造が「見える化」した後，予防には何が必要なのかを教職員で話し合うことで，抽象論でなく，具体的実践として共通実践できる。
　ロールプレイはやり方によっては児童生徒の心を傷つけるリスクを伴うため，ファシリテーターは，SC が行うことが安全であるのは言うまでもない。

IV　質問紙と観察を通しての組織的対応

1．安全委員会方式を取り入れる

　いじめ問題の解決には様々な方法がとられているが，なかなか減少しない。新たな枠組みが必要である。そこで参考になるのが，田嶌（2011）が児童福祉施設の暴力問題を根絶するために提唱し，実践している「安全委員会方式」である。「外部委嘱された委員と職員から選ばれた委員とで『安全委員会』を作り，そこを中心に暴力問題について対応する方式」である。委員長は外部委員が務め，定期的に聞き取り調査と会議を行い，子どもたちが安全で安心な生活を実現するために「安全委員会」と職員集団が連携して，施設全体で取り組むものであるとしており，全国の児童福祉施設で効果を上げている。前述した「いじめ防止対策推進法」では，いじめ防止委員会の常設を求めている。田嶌が提唱し実践している「安全委員会方式」を学校に援用すれば，学校でのいじめ防止や体罰防止のために，有効に機能するのではないかと考える。その中心になるのが SC の大きな役割である。

　そのいじめ防止委員会で，Q-U アンケートやストレスチェックなどを用いて，子どもたちの状況を把握し，具体的対策を実践することが求められる。従来も「いじめ防止委員会」や「外部評価委員会」など，学校には多様な委員会が作られている。しかし，現在のいじめの実態を考えたとき，実質的に機能していないことは明らかである。実質的に機能するかは，オーガナイザー・コーディネーター役を SC が担うことができるかにかかっている。

　さらに，いじめの調査においては，「いじめはありますか」と聞いて，「ある」と答えることには勇気が必要である。しかし，Q-U アンケートやストレスチェックなど，間接的に聞くことで，いじめられている可能性のある児童生徒を見つけることができる。大切なことは，質問紙と教師の観察の組み合わせを用いた複数の目である。

2．事　　例

　（1）部活動での上級生からのいじめを複数の教職員の目で発見した事例

　SC が A 中学校からストレスマネジメント教育を依頼されて3回に分けて行った。その際，併せて毎回ストレスチェックを行った。結果を基にその日のうちにハイリスク群を学校に報告した。その際，4名の女子生徒について，この生徒たちのストレス度が高いのは理解に苦しむという担任の話があ

った。いつも，明るくまじめにしている生徒だった。SC と管理職も交えて話をして，留意して様子を観察することになった。その際に，部活動の顧問の先生とも結果を共有し，４人の生徒の様子を注意して観察してもらうことになった。そうすると，部活動の先生が４人の様子の異変に気づき，SC が話を聴くことになった。その中で，４人の女子生徒が先輩からいじめられていることが発覚した。部活顧問・担任・管理職・SC が被害者側と加害者側の子どもの話を聞き，事実関係の確認をした。その後，保護者を呼んで話し合いが行われた。それ以降，いじめはなくなった。

　調査は必要である。しかし，毎回同じ調査をして，「いじめられた」と記入しても，何の対応もしてもらえなければ，調査そのものが惰性的なものになる。特に小学校４年生以降の前思春期に入ると，「いじめられている」と話すことが自分の自尊心を傷つけることになる。先生に相談することで，いじめがひどくなるのではないかと不安に思い，誰にも相談できないことも多い。調査と観察，そして担任以外の外部者の観察が必要であり，SC を交えて，慎重に対応していくことが必要である。

（２）学級カーストの中でいじめが潜在化していた小学校５年生の事例

　B 小学校では生活アンケートを毎学期行い，いじめについても調査を行っていた。小学校４年生のとき，「学級崩壊」の状況になり，担任が何人か入れ替わっている。小学校５年生になり，指導力があるベテランの女性教師が担任になった。学級は落ち着き，授業でも活発な意見が交わされるようになった。また，体育会や委員会活動などでも落ち着いて活動に取り組めるようになり，管理職も含めて学級が落ち着いたことに安堵していた。

　しかし，10 月のある日，担任が中休みに教室に忘れ物を取りに教室に入ると，男子児童数名が，まじめでおとなしい男子児童を蹴ったり叩いたりしていた。その場で止めさせたあとにこれはおかしいと思い，管理職にも相談し，「聞き取り調査」を始めた。そこで複数の児童の口から出てきたことは，暴力や無視のいじめが，５月頃から継続的に行われていたこと，男子児童の中でヒエラルキーができており，命令する人，命令されていじめる人，いじめられる人の構造があり，いじめられる児童は性別関わらず，定期的に変わっていたという実態が明らかになった。表面上は指導力のある教師に合わせ，教師の居ないところで中心になる児童が，見張り役を立て，教師が居ない時間や，放課後など，継続的にいじめを行っていたのである。いじめは，教師

や大人がいる所では通常は行われない。もし教師の前で行われているとしたら，それは限りなく学級崩壊に近い状態である。

　その後，校長を中心に全教職員が一人ひとりの児童と面談し，事実確認と指導を行うとともに，SCがいじめられた子どもと保護者のカウンセリングを実施した。併せて中学校の先生や外部講師を呼んで，構成的グループエンカウンターや児童が楽しめる教科である体育・音楽の授業などを行い，学級集団の立て直しを行った。以上のように，いじめの問題は，個別の対応と集団作りの2つの視点でのケアが必要である。図5は児童たちに面接調査をした結果を図式化したものである。いじめの中心人物はAとBで，スクールカーストの一番上にいる。CDEはFGをいじめていたが，AとBからいじめられる立場でもあった。AとB以外は，いつ自分がいじめられるかわからない不安を抱えている。自分がいじめられないためにいじめをすることもある。いじめの調査を行った場合，図式化することで，学級での児童の関係や状態が理解しやすくなる。

　事例からわかるように，担任一人でいじめの問題を解決することは難しい。

集団構造のみえる化

簡易ソシオグラムでみるいじめの構造
加害者・被害者・観察者・傍観者などを図式化する　→は攻撃の方向性のみ表す

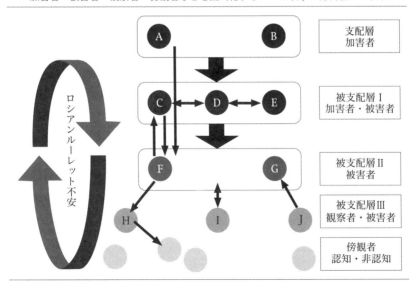

図5　学級カーストの中でのいじめの構造

場合によっては，担任の言動によっていじめが助長されていることもある。いじめは大人から気づかれないように行われること，けんかの場面を見たときに，いじめられている子に聞いても，「けんかだよ」と笑っていたと見過ごされる場合も多い。人間は困ったときに，笑ってやり過ごすこともあるのである。それをそのまま「笑っていたから大丈夫」と受け流すことは危険である。「いじめに気づき，対応することは，担任一人では難しい」という強い自覚が教師には求められる。定期的に，授業の中で，いじめ問題を取りあげ，構成的グループエンカウンターやアサーショントレーニング，ストレスマネジメントなどを SC とともに行っていくことが，いじめ予防には有効である。

Ｖ　いじめが起こったときの対応──緊急対応チームの派遣

　現在，いじめ問題対策連絡協議会を各自治体におくことになっている。いじめを予防するために何が必要なのかを検討すること，いじめが起こったとき，事実調査を第三者が行うことは必要なことである。もう一つ大切なことは，「いじめ問題の渦中」にある学校をサポートする体制である。事実関係を調査し，いじめた側・いじめられた側の児童生徒を指導し，保護者会を開き，その後の経過を教育委員会に報告しなければならない。ただでさえ多忙な学校現場では，その対応だけで疲弊してしまう。そこで必要なことは，学校だけで対応できない場合に，緊急でサポートするチームを学校現場に派遣することである。授業が成立していない学級でいじめが起こる場合があるため，実践力（授業力・指導力）のある指導主事を派遣し，指導主事が授業を行うことも必要である。また，心理職も派遣し，被害者や加害者の児童生徒の心のケアが求められる。学校だけで対応できない事象に対して，指導主事が指導に入っても，教師としては，指導に従い，報告書を書く時間が増えるだけの場合もある。指導主事には，実際に子どもの指導に当たることが必要である。それは担任のモデルとしての機能ももつことになる。

　また，調査の方法も子どもの心を傷つけない方法が必要である。その際は臨床心理士・公認心理師が助言できる。いじめ加害者の出席停止処分を行ったとしても，その児童生徒への指導とケアが継続的に必要になる。従来の緊急対応チームは長くても１週間だったが，筆者が提案する緊急対応チームは，少なくとも１カ月は学校に滞在し，実践を通して，学校を支援していくチームである。特に，指導困難な中学校では必要である。また，警察の少年課な

どを退職した OB を臨時職員として採用することも有効な措置である。指導困難校での犯罪に近いいじめが繰り返されている学校では，教職員だけで学校を建て直していくことは非常に難しい。警察 OB は，少年犯罪に詳しく，指導困難な児童生徒に対しても動じることはない。その職員にいじめの犯罪についての授業を行ってもらったり，警察との連携の窓口になってもらったりすることも有効であろう。フォーマルに学校と警察が連携することに抵抗がある教職員も，インフォーマルに情報交換をしてもらうことによって，学校外の組織（警察・児童相談所・少年サポートセンター等）と生徒の関係を把握し，いじめる生徒との関係を断ち切ることが可能になる。

　対策には，人もお金もかかる。しかし，現在の日本の学校の状況を考えたとき，予算と人材をつけない専門家の対応策の提案は，絵に描いた餅に終わる。そして，マスコミが取り上げなくなると，いじめ問題は沈静化したような印象を与え，また忘れた頃に，社会問題となるのである。SC は定期的な研修が義務づけられている。その研修で，いじめ問題を解決する方法を常に考え，学校に提起し，「安全委員会方式」を援用した「いじめ防止委員会」で，常にいじめ問題を意識化させ，実践していくことが，地道ではあるが，いじめ問題をなくす方法である。現在の勤務状況においても，いじめ問題の対応の組織化は可能である。

VI　いじめとじゃれあいの境界線

1．いじめと集団の中の優位性

　普段あまり意識せずに「いじめ」と一括りにする場合が多いが，恐喝や暴行・名誉棄損など，犯罪にあたる行為から，「いじり・じゃれあい」など仲間同士で楽しんでいる行為やけんかまで，その幅は大きい。外形的には「いじり・じゃれあい」に見えるが，されている児童生徒からみれば，いじめられていると感じているものもある。また，「いじり・じゃれあい」から，いじめに発展することも多い。

　「いじめとは同一集団内の相互作用において，優位に立つ一方が，意識的にあるいは集団的に他方に対して精神的・身体的苦痛を与えることである」（森田，2010）。優位に立つとは，①体格が大きい等の物理的優位，②一対複数等の集団的優位，③同様の行為が多数回にわたって行われるという回数的優位である。

2．事　例

　じゃれあいからいじめに発展し，不登校になった中学2年生男子生徒の事例を通して，いじめとじゃれあいの境界線について考えていきたい。

　（1）じゃれあいからいじめに発展した中学校2年生の事例

　A君は中学校2年生の男子生徒である。中学校1年生の2学期からサッカー部の中でいじめにあい，中学校2年生の10月に不登校になった。いじめの内容は次の4点である。

　①A君の服装を脱がしたこと，②靴を隠したこと，③練習中，複数の生徒がA君が約束を破ったことを非難したこと，④グループLINEから外したこと，であった。

　①～③までの行為は，加害行為者を変えながら，複数回，継続的に行われている。③はB君が中心となり，そこから④のLINE外しにつながったものと考えられる。

　最初からA君はいじめられていたのではない。サッカー部の中でも，仲のいいグループでいつも練習し，放課後は一緒に遊びに行く仲であった。服脱がしや靴隠しは，じゃれあいの中で，A君も行っていた。しかし，中学2年生の6月に，A君が部活動の約束を破ったことをB君がみんなの前で非難したことから，集団的優位性と回数的優位性が変化し，いじめへと変質した。

　それらの行為が，サッカー部の人間関係・集団構造の中で，どのような状況で行われたのかを整理してみたい。

　いじめの場面の担い手は，いじめっ子（加害者），いじめられっ子（被害者），いじめをはやしたてて面白がる子どもたち（観衆），見て見ぬふりをする子どもたち（傍観者）の4層である（森田，2010）。仲裁者（いじめを止める者）を入れて5層とする場合もある。ここでは，この4層の考え方に沿って整理をしていく。

　本事例には教師であるサッカー部監督，サッカー部員の先輩，同級生も含めて仲裁者はいない。仲裁者として可能な立場にいたのは監督であるが，いつものじゃれあいとしてみており，仲がいい友人関係だとみていた。

　なお，教師はいじめ・じゃれあいの場面では，それぞれの生徒がどの層にいたのか，確認しておく必要がある。また，この4層は固定的なものではなく，いじめる者がいじめられる側になったり，観衆がいじめに加担したりする場合もある。

　本事例においては「言葉によるからかいやいじり」「服脱がし」「靴隠し」

がじゃれあいにあたり，流動的なものである。「服脱がし」は1年生3学期から始まり，最初はA君，B君，C君，D君だけだったが，2年生4月から6月は，E君，F君と参加人数が増えている。

　いじめは，最初は仲よしグループのじゃれあいから始まることが多い。そのじゃれあいがエスカレートする中で，被害者は固定化され，加害者は観衆と入れ替わりながら，また傍観者となったりしながらいじめがエスカレートしていく。いじめを仲裁する者やいじめをやめるように指導するものが居ない場合は，いじめはなくなることはなく，被害者は孤立感と無力感を強めていく。例えば，いじりもいじめ行為として認識され，いじり行為そのものが認められない組織であれば，いじり行為がいじめに発展することも少なくなる。本事例の場合にはサッカー部の日常的な雰囲気や規範意識，集団的優位性（人間関係の力関係）がどのように働いているのかを見ておくことが求められただろう。

　集団的優位性は，加害者側には認識されにくいが，被害者側は強く認識する。「A君は中学校でもいじられキャラだったが，小学校の方がひどかった」「最初にちょっかいを出されるのはほとんどA君の方だった」「服を脱がす行為や靴を隠す行為ももっぱらA君がされる側であった」こともあり，加害者側に集団的優位性があったものと考えられる。

　やめてほしいと思っていても，集団的優位性の前では，いじめられた子どもは「仕返しをされることの恐怖」と「仲間でいたい」という二律背反心理の葛藤状態におかれる。仲間でいたいけれども，傷つきたくもないというヤマアラシのジレンマの状態にある。ヤマアラシのジレンマとは，2匹のヤマアラシが寒い冬の日に暖をとるために体を寄せ合いたいが，近づくとトゲで傷ついてしまう，近づきたいけど近づけない状態をいう。2年生の6月以降，A君はこのヤマアラシのジレンマを抱えていたといえる。この時期にサッカー部退部を2度も考えていたことは，その葛藤を回避するためだったと考えられる。また，いじめの被害者はいじめられたという屈辱的なことを認めたくないという自尊心を守りたい心理から，「笑って対応する」ことも少なくない。

　お互いにいじる・いじられるという対等な関係は，集団的優位性がない場合に成立するものであり，集団的優位性が加害者にある場合は，たとえ被害者が一時的にいじりや服脱がしをやり返したとしても，加害者が入れ替わりながら多数回行われると日常的なストレスとして被害者の中に溜まっていく。繰り返されるいじり行為と服を脱がされる行為によって，心理的には追いこ

まれた状態になる。

「おい，またきたぜ」などのたった一言でも心理的負荷がかかる。Ａ君は「疲れた」「頭が痛い」「ちょっとサッカーをやる気になれない」「何か面倒くさくなった」「元気がなくなった」という話を家族にするようになった。孤立感と絶望感などのＡ君の心理状態が表れている。そのような心理状況の中，その夜にLINE外しという思春期の生徒には一番ダメージが大きい仲間外し行為にあった。そのことが原因で不登校になった。

（２）いじめ行為の集団的背景

以下，本事例からいじめ行為の生じる集団的背景について考えてみたい。

１）仲がよかった仲間集団

サッカー部の２年生はお互いの家に宿泊する（ABCDEF）など，濃い人間関係にあった。サッカー部のフォーマルな集団内の関係よりもインフォーマルな人間関係が強いほど，集団凝集性が高くなる。また，雨天時のサッカー部の練習は，まじめにやるグループと鬼ごっこなどでふざけ合うグループと２つに分かれている。服脱がしはこのふざけ合いグループの中で行われることが多かった。また，いじりいじられる関係も，このふざけ合うグループで助長され，服脱がしもその延長線上で行われている。教師がそれらを見たとしても，「仲のよい集団になるためには必要なこと」と考え，見ても注意・指導を行わなかったこともそれらの行為を助長した要因と考えられる。

本事例では，いじめに関わっていた生徒は「いじめではなく，仲がよくじゃれあいだったので，Ａ君が不登校になったのは信じられない」という思いだったという。外形的にはいじめであるが，それらの行為は親密な仲間としての行為であり，いじめではないとしている。いじり・服脱がし・靴隠しなど，同じ行為が繰り返されたことが，「相互性の上での許容される範囲のじゃれあい」であるか「いじめ」であるのか難しい問題である。

森田（2010）は『いじめとは何か』の中で，いじめ事案について，見落としてはならないことを次のように述べている。

「いじめる側の主張が，いじめの認識の枠組みさえも組み替えてしまうことである。また，被害者であるにもかかわらず，原因は自分にもあると考えてしまい，自責の念さえ抱かせてしまうこともある。そうでなくても，いじめの被害者は自責の念を抱きやすい傾向がみられるだけに，いじめる側の正当性の主張については，被害者の心情に十分に留意して対処する必要がある」

2）親密な関係から生まれるいじめ

　いじめにより追い込まれたケースは，後に教師からは仲よしグループに見えていたため「いじめが起きていると考えられなかった」と説明されるケースも多い。

　竹川（2006）は，集団の視点からいじめを，①いたずら的いじめ，②集団全体が関与するいじめ，③仲間集団内での隷属的いじめ，④犯罪的いじめの4つに分類している。本事例は，③仲間集団内での隷属的いじめに該当する。

　サッカー部としてのフォーマルな規範として「いじめやいじりがいけないことだ」として指導されなかったことや，雨天の練習が「自主的にまじめなグループ」と「あそびグループ」に分かれて練習内容も自由であることなど，サッカー部の規範よりもグループの集団状況でのインフォーマルな状況適合ルールが発生していたと思われる。本事例の状況適合ルールとは，「からかいや鬼ごっこ」や「服脱がし」などサッカー部の規範とは違うサッカー部2年生の集団内での誤ったルールであるが，みんなの同意のもとで行われた。

　状況適合ルールの特徴は，①メンバーの親密性，②内容規定の流動性，③インフォーマルな制裁の3点である（和久田，2019）。本事例において愛称で呼び合うことなどは，メンバーの親密性であると解釈ができ，内容規定の流動性によって，論理的一貫性がなく，ときには，いじめへと変化していった。グループ内の状況適合ルールに違反した者は，仲間はずれにされるなど，インフォーマルな制裁を受けることになる。日常的に被害感・孤立感・疎外感が高まっていたA君はかなりの心理的ストレスを抱えた上で，LINE外しという決定的ないじめによって，不登校に至ったと考えられる。

　「いじめは相手を逃れられない立場に囲い込み，追い込むことによって最大限の効果を発揮する」と言われている（森田，2010）。その囲い込みは親密性という関係性を土台として起こる。完全に仲間から外されてしまった子どもに仲間外しの効果はない。これらのことを意識していたかではなく，このような関係性が存在したかどうかが重要である。

　図6は，仲のよい集団であるサッカー部の仲間関係と，行われた行為が「じゃれあい」か「いじめ」なのかを整理し，A君の心理状態を視覚化したものである。

　「仲のよい集団」は，彼らの居場所であり，それなりに充足感を与えてくれる場所である。A君たちは，学校外でも遊び，お互いの家に宿泊する関係である。また，お互いにいじりあい・服を脱がすというじゃれあいをする仲間

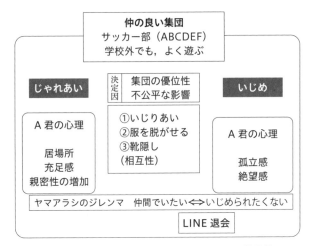

図6　親密な集団でのじゃれあいといじめの境界線

である。しかし，2年生の5月下旬頃よりA君の言動が暗くなり，それまでは他の2年生部員と参加していたサッカー部活動にも単独で参加するようになった。この頃に仲間関係のじゃれあいは，集団内のいじめへと変質したと考えられる。

　サッカー部の仲間の中にいること，また，学級にもサッカー部の仲間が数名いる状況の中でいじめられていることを訴えることは，「自分の居場所を失い」「より孤立感を深めてしまう」ために，いじめられてもその仲間に居続けようとする。そして，監督が「仲よしのじゃれあい」といじりあうA君と他の生徒たちの関係を見ていたことやじゃれあいを止めなかったことで，じゃれあいはいじめへとエスカレートしたのである。

　3）じゃれあいといじめの境界線
　本事例の要点は，被害者と加害者の「いじめ」の認知の違いであり，「じゃれあい」と「いじめ」の境界線が曖昧な点である。
　「いじめかじゃれあいか」を竹川はボンズら（Bonds & Stoker, 2000）が提唱した，①相手に被害を与える行為，②反復性，③力の不均衡，④不公平な影響の4つのキーワードで紐解いている。本事例からは，①「相手に被害を与える行為」，②「反復性」は確認できる。しかし，①についてはA君も，一時的にせよ「いじり」「靴隠し」「服を脱がすこと」はやっていたため，「仲間のじゃれあい」だとしている。そこで，特にいじめを深刻化させる③「力の不均衡」と④「不公平な影響」の2つの視点で，本事例を考察したい。

　「力の不均衡」とは，「精神的にタフな者」と「そうでもない者」，「仲間がいる者」と「そうでもない者」などがある。「力の不均衡」は職場においては上司と部下という役職の違い，部活動などでは先輩と後輩の関係などで，パワハラやいじめはそうした不均衡のある場所ではよく起こる事象である。同輩であっても，集団内の位置づけの上下関係がある。学級内ではスクールカーストが存在し，それがいじめの背景にあることは多くの論者が指摘している。

　A君はいじられキャラであり，服脱がし・靴隠しなどは相互性があるものの回数や複数人で行われたという事実により，親密的な対等な関係ではなく，いじめという関係に変質したものと考えられる。そして LINE 外しにおいて疎外感は最大になった。

　「不公平な影響」とは，被害者と加害者が受ける影響には大きな不公平が存在することをいう。同じ行為でも，それに対する受け止め方は個人によって違う。集団の中で優位に立っている者は何も感じないが，被害者は傷つき，自己肯定感が下がり，「自分はいなくてもよい存在だ」と考える場合もある。一方，加害者は被害者が受けるような感情や反応はしない。「そのくらいは大丈夫だ」「そのくらいのことはしてよいのだ」「これは遊びだ」などと考えてしまうために間違った考えをもつ。「仲間」という密室の中で間違った考えに支配され，じゃれあいのはずが，やがて「特定の子に攻撃が集中するようになる」ことも多い。

　何の根拠もなくこの「シンキングエラー」（間違った考え）に陥った加害者は，共感性も罪悪感もないために，問題を解決しようとしない。A君とは親密な仲間であり，A君もあだ名で呼んでくるので「いじりあい」であり，服脱がしも「お互い様」だと考え，行動をエスカレートさせる。いじめも，仲間のうちの楽しみのための遊びであるという間違った考えに支配され行動を止められなかった。

　A君は，「いじられキャラ」とされ，仲間関係が対等なときは，このいじられキャラは親密性を増すために作用したが，力の不均衡が生じた後は，「無視されるよりもいじられた方が，相手にされるだけマシだ」と受け止め，いじられキャラとして固定していた。そのうえ，服脱がしや靴隠しなどを繰り返しされてもなお，これらを受け止めざるを得ない状況に追い込まれ，いじめられているという認識をいやというほどもたされてもなお，これらを受け止めざるを得ない状況に追い込まれ，心理的負荷は限界を超えた。

以上，本事例をまとめると以下の４点になる。

①A君たちは「サッカー部の仲間」と「遊び仲間」という２つの仲間関係で，親密な関係にあった。A君は，親密な関係ゆえに，いじり行為や靴隠しなどがあっても，仲間としていたいという思いと，いじめられたくないという二律背反的な心理状態におかれていた。

②上記のような心理状態に置かれた中で，LINE外しというA君にとって最も過酷な行為によって，孤立感・無力感を深めたものである。

③「いじりあう」行為について，ボンズのいう「力の不均衡」と「不公平な影響」に思いが至らず，加害者たちはいじめを間違って「いじりあい」や「じゃれあい」と軽信し，「いじめ」という認識をもつことをしなかった。

④いじめを止める仲裁者であるべきサッカー部監督は，いじめやからかいが起きやすい風土を作り，また，いじめを止めることができず，A君は不登校になった。

（3）本事例から考える対応

いじめる者がいなければ，いじめはなくなるのであるが，2013（平成25）年にいじめ防止対策推進法が施行され，いじめの調査やいじめ防止対策委員会などの体制が整ってきたにも関わらず，いじめによる不登校や自死者は減っていない。また，第三者委員会での報告に納得できずに，第三者委員会が再構成され再度調査がなされ，裁判になるケースも多い。

いじめを防止し，いじめを少なくするために，以下の３点を提案したい。

1）いじめ防止授業の充実

本事例でもわかるように，「いじめ」に対する認知は，同じ行為であっても，いじめる側のシンキングエラーによっていじめを「じゃれあい」などと認知し，被害者側は，いじめられていても，仲間から外されることを恐れて，「いじめでない，これはじゃれいあいなのだ」と思い込むことによって，心理的には追い込まれることも多い。そこで，いじめは行為によっては犯罪行為にもなり得ること，「いじめ」と「じゃれあい」は全く違うことを認識させ，いじめの被害者の心理状況について学習するいじめ防止授業を増やす。その中で，今の自分たちの「いじり・じゃれあい・いじめ」の行為を，被害者はどのように受け止めているかを考えさせることが求められる。

2）教職員の研修の充実

いじめには4層構造があることを指摘した。いじめをなくすカギは,観衆・傍観者を「仲裁者」にすることである。しかし,児童生徒にとっては,次は自分がいじめられるかもしれないという不安によって,仲裁者になることは難しい状況である。教職員研修において,このようないじめをめぐる心理や状況が児童生徒の間に起こっていることを認識し,教師自らが仲裁者になることができるような研修会の機会を増やすことが大切である。さらに,「いじり・じゃれあい」といじめの違いについて認識し,児童生徒の小さなサインを見逃さないように,教師側の観察眼や感度をあげることである。

3）学校内・外部者の情報共有と相談体制の充実

いじめは,学級内外や部活など,あらゆる場で起こる。思春期においては,いじめられていても自尊心を守るために本人が他者に相談することは少ない。本事例においては,「じゃれあい」が「いじめ」に変化している。じゃれあいがいじめに変容していないか,複数の目で見守り,児童生徒一人ひとりの小さな変化に気づき,情報共有をすることで早期発見につなげることができる。本事例で考えると,時々ひとりで行動するようになっていた,いじりが一人に集中するようになったことなど,被害生徒の小さな変化を情報共有することで,いじりが「いじめ」に変質していることに気づくことができる。本来思春期の生徒は悩んでいることやいじめに関することは「相談しにくい」ということを前提に,日常の生徒の変化と教育相談のときの表情などから,児童生徒の変化をキャッチできるように教職員のスキルアップが求められる。

VII　いじめ問題に対応するために

1．いじめ問題の複雑化

いじめは,発達段階によってその原因や影響が異なる。小学校低学年の悪口やからかいなどは,家庭内でのストレスや親子の愛着関係が関係することも多く,悪口やけんか,仲間はずれをしても教師の介入で早期に解決することが多く見られる。しかし,小学校高学年から思春期のいじめは要因が様々であるとともに,ネットを使ったいじめも多く,教師には見えないものがたくさんある。気づいたときには随分,複雑化・深刻化しているケースも少なくない。いじめというと加害者と被害者の二者関係で捉えがちだが,学級カーストなど,学級集団の要因が背景にある場合はその構造が複雑になる。い

じめをした加害者が実はより上位の支配者層にいじめられていたことのストレスによって，いじめを繰り返す場合もある。学級内の人間関係が関連しているいじめはその加害者・被害者間の行為のみだけではなく，学級の人間関係を理解することが必要である。

２．集中的に，全職員で行ういじめ調査

　大きないじめが発生した場合，アンケート調査・面接調査でいじめの行為といじめの頻度・程度，加害者と被害者，観察者・傍観者を同定する必要がある。その際は，短期間で集中的に行うことが肝要である。教師二人組で児童生徒一人ずつに面接をし，質問が終わった後は何かあればいつでも相談するように伝える。調査することは「いつ・どこで・どのようないじめ」があり，そのときの「被害者・加害者のメンタルの状況」を聞き取ることが必要であり，この面接が心理的ケアや加害者の指導的側面ももつ。調査は短期間に集中的に行わなければ，仲間同士で情報の交換をしたり保護者が介入したりして事態を複雑化してしまう。調査終了後，被害者・加害者や保護者がその事実を認めた段階で，加害者への懲戒や被害者のメンタルのケア，学級経営の方針などを具体的に決めて実施する。

３．いじめ問題への対応

　本来は，いじめの被害者は教室に残り，加害者は出席停止か別室登校を課すなどの処置が必要だが，2022（令和４）年度に問題行動で出席停止処分になった事例は全国で５件だけある。被害者の心のケアはもちろんであるが，加害者の指導と心のケアも大切である。例えば現在は，出席停止にしたとしてもオンラインでの学習や指導を行うこともできる。また併せていじめの防止のために何が必要なのかを考え，児童生徒にとって安心・安全な楽しい学級にするための学級作りが求められる。担任一人ではなく，学年やときには警察や弁護士などの関係機関の力を借りることも対応の一つである。

　いじめの内容がとても深刻な場合は，別室登校で指導することもある。本人が反省していない段階では被害者と同室ではなく，加害者の別室指導が求められる。加害者の人数が多い場合は，加害者同士の人間関係も考慮して２カ所に分ける必要がある。現在の教職員の定数では難しい場合もあるが，原則は教師がいることが望ましい。被害者と加害者を同じ教室で学習させるかどうかの判断基準は，目途としては２週間程度時間をおくことである。

　重大事態の場合は，もし関係者が複数学級にいる場合，被害者を別学級に異動させる措置も考えるべきである。その上で週に1度のSCによる本人の面接と2週間に1度程度の保護者の面接も有効である。暴行・障害・恐喝などいじめの範疇を超えている場合は，躊躇なく警察に介入してもらうことが求められる。

　いじめ防止対策推進法ができても，被害者の立場に立った調査や支援がされず，裁判になった事例がたくさん見受けられる。被害者支援とともに加害者の指導とカウンセリング，学級経営・集団作りの再検討をし，いじめのない学校にするための学校経営・学校組織を見直すことは重要である。

　いじめは日本だけの問題ではない。先進国にはいじめの問題が存在し，様々な対応がとられている。毎週「いじめや人権に関する授業」をする国や，物理的・時間的死角をなくすために，中休み・昼休み・放課後にスクールガードを雇用している国もある。

　いじめにあったときは，すぐに相談することがとても大事である。大人ならば，本音を言える人が，会社に1人，家族に1人，友人に1人いれば，話すだけで随分楽になる。子どもなら，友だち，先生，家族に本音を話せる人がいればいいのだが，それは，子どもにとってなかなか難しいことである。特に前思春期に入った小学校高学年になると，いじめにあったことを話すことは，自分の自尊心を傷つけることに繋がる。だから，黙っていることが多い。また，相談することで，さらにいじめがひどくなるのではないかという不安が大きくなる。教師やSC，親はもちろん，小児科・内科など，かかりつけの医師がいつもと違う感じを覚えたら，少し学校の話を聞くことも必要であろう。子どもたちの周りにそうしたソーシャルサポートが充実してゆくことが望まれる。

　いじめ防止対策推進法の成立により，SCのいじめ防止の役割は益々重要になってきた。法的な枠組みや制度と何よりその意義を認識し，学校の状況・ニーズに応じた対応がSCには求められている。

引用・参考文献
Bonds, M. & Stoker, S. (2000) Bully proofing your school: comprehensive approach for middle schools. Sopris West
原清治・山内乾史（編著）(2011) ネットいじめはなぜ「痛い」のか．ミネルヴァ書房．
増田健太郎・生田淳一 (2005) 道徳教育における体験的学習の効果に関する研究―「いじめの四層構造」を理解させるために．九州教育経営学会紀要，11; 101-109.

増田健太郎 (2013a) 変容するいじめ行動とその予防 (1). 教育と医学, 61(3); 243-253.

増田健太郎 (2013b) 変容するいじめ行動とその予防 (2). 教育と医学, 61(4); 346-357.

文部科学省 (2022) いじめの状況及び文部科学省の取組について. https://www.cas.go.jp/jp/seisaku/kodomo_ijime_boushi_kaigi/dai1/siryou2-1.pdf

文部科学省 (2023) 令和4年度　児童生徒の問題行動・不登校等生徒指導上の諸課題に関する調査結果について (概要). https://www.mext.go.jp/content/20231004-mxt_jidou01-100002753_2.pdf

森田洋司 (1985) いじめの四層構造論. 現代のエスプリ, 228; 57-67.

森田洋司・清永賢二 (1994) いじめ―教室の病い　新訂版. 金子書房.

森田洋司 (2010) いじめとは何か―教室の問題, 社会の問題. 中央公論新社.

田嶌誠一 (2011) 児童福祉施設における暴力問題の理解と対応―続・現実に介入しつつ心に関わる. 金剛出版.

竹川郁雄 (2006) いじめ現象の再検討―日常社会規範と集団の視点. 法律文化社.

和久田学 (2019) 学校を変える　いじめの科学. 日本評論社.

コラム　心を彫る授業

　2001年の4月下旬, 北海道の美唄にある「アルテピアッツァ公園」に行った。美唄出身の国際的な彫刻家, 安田侃氏の「心を彫る授業」を受けるためだ。桜前線と出会えるかと思っていたが, ふきのとうが, 雪をかぶっていた。

　心を彫る授業とは, 自分が選んだ大理石を, のみや石細工道具で彫っていくことで, 侃氏曰く, 「大理石を彫っていくと無心になる。それが, あなたの心です」。

　無心になっても心は石として形に残る。そこで,「人にはそれぞれの心があります。決して比較や非難をしないことです」との言葉を聞いたあと, ミケランジェロも使ったという大理石の塊を選ぶところから授業は始まったのである。

　筆者は自分の心のイメージに近い石を選んだ。しかし大理石を目の前にして, すぐにはのみを持てなかった。周囲には石を彫る甲高い音が響き渡っている。筆者は石をずっと眺めてみた。そしてやさしく触ってみた。そうすればするほど, 自分の心を投影した石に見えてきて, ますます石が彫れない。自分の心を彫ることになる感じがしてならなかった。臨床心理士だからなのか, 自分のパーソナリティなのか, よくわからないが, 心を彫ることに恐怖を覚えた。

　しばらくして, 石に傷がたくさんあることに気づいた。そこから, のみを持ち, 石の傷をなめらかにすることから始めることにした。斜めに入った2本の傷を, のみで削るがなかなか消えない。消えたと思ったら, 今度は石全体のバランスが気になる。バランスを整えるために石を削る。その中でまた傷が見つかり, だんだん, 夢中になっていく自分を感じた。

　私たちはクライアントの心の傷を少しでもやわらげることを生業としてい

る。だから主訴（困っていること）に焦点化して，話を聴いていくことが多い。しかし，それで傷が治ったとしても，心のバランスを崩していることもあるのではないか，という想いに気づかされた。傷も心の一部なんだと思えたとき，心のバランスがとれることもあるのではないか。大理石を彫りながら，そんな想いが駆けめぐっていた。

　2日間石を削り続け，磨き続けた。でも完成しなかった。「こころ―未完成」と名付けて持ち帰ることにした。心を彫る授業は，自分の心と向き合う大切な時間だった。現代社会の中では感じられない，空間と心の瞬きがアルテピアッツァ美唄にはあった。アルテピアッツァ美唄，一度は訪ねてほしい，心癒される空間である。

　―アルテピアッツァ美唄　http://www.artepiazza.jp/

第6章

気になる子どもへの対応

Ⅰ　気になる子どもの理解

1．気になる子どもとは

　教師が気になる子どもとは，どんな子どもであろうか。発達障害の診断を受けている，診断を受けていないがグレーゾーンの子ども，発達障害はないが落ち着きがない子ども，離席が多い，授業を聞いていないなどであろう。学級が落ち着いている場合は，気になる子どもだけに対応すればよいが，学級が落ち着いていない場合は，気になる子どもを注意することで，周りの子どもにも影響を及ぼすことになる。逆に，周りに迷惑をかけず落ち着いているため気になる子どもにはなっていない，人間関係がうまく作れない，個別支援が必要な子どもがいることも忘れてはならない。学習についていけない，ストレスを溜めている子どもたちである。

　気になる子どもがいると，「何とかその子どもをよくしたい」という思いから離席をしたらすぐに注意をしたり，課題を多くしたりすることもある。常に気になっているために，必要以上に注意することもある。ほめる関わりよりも叱る関わりが増えることが多い。

　発達障害の子どもたちは，「やる気があるけれど，うまくいかない」という気持ちをもっている。行動面では，「人の話を聞き取れない，気が散りやすい，順番が待てない，忘れ物が多い」などの困難がある。学習面では，「読むことが苦手，見たとおりに書けない，計算につまずく」などがある。さらに，人とのコミュニケーションが苦手で，友人関係がうまく作れないことが多い。

　上記のような子どもに対して，教師や保護者はどのように対応しているだろうか。「どうしてこんなこともできないの」「簡単だから，しっかり考えるとできるはずだ」など，厳しく指導や対応をすることも多い。できないことを，「どうしてできないの」と言われたり叱られたりすると，自己肯定感が低くなり，ますます自信を失くすことになる。保護者は，「何とか対応したい」「子どもの将来が不安だから，できることはしたい」という思いから，子どもに期待して，できるように励ましたり，強く指導したりする。また，学校で

もできるようにするために，励ましたり強く指導したりすることになり，子どもたちは教師と保護者双方から叱られることでますますやる気をなくし，できることもできなくなってしまうのである。そのような状態が続いたら，学習性無力感から不登校や非行などの非社会的行動をとるようになったりすることも考えられる。

　ここで大切なことは，子どもの状態をしっかりとアセスメントすることである。「やる気がないからできない」のか，「発達障害や知的障害がベースにあるからできないのか」を判断することである。教師だけでは判断できない場合も多い。SCが個別面接をしたり，授業中の様子を観察したり，保護者に面接をしたりして，子どもの状態像をアセスメントすることである。場合によっては，相談機関や医療機関につないで，発達検査などを受けることも大切である。子どもの状態が理解できると，必要以上に無理をさせないことにつながるとともに，その子どもに応じた支援が可能になる。

　大切なことは，子どもの困難なことや不安に思っていることに気づき，適切な支援を組織的に行うことである。組織的に行うためには，特別支援学級の教師や養護教諭の協力も必要である。つまり一番大切なことは，不適切な関わりでの二次的障害を防ぐことである。

２．子どもの認知機能について

　認知特性には，主に視覚認知と聴覚認知がある。その２つを活用して問題の処理を行う。視覚認知の混乱は，例えば「かわのじょうりゅうからももがながれてきました」という文章を読んでも「かわ　のじょう　りゅうか　らも　もがなが　れて　きました」と見え，意味がわからないことがある。その場合は，まとめて読む単語ごとに○で囲むなどの支援で，意味がわかるようになる。聴覚認知の混乱は，教師が「では，教科書を開けてください」と指示を出しても，友だちの話し声や飛行機の騒音など他の音が聞こえるとそれらの音も聞いてしまうため，どれが大事な情報がわからないということが起こる。指示を出す前に，その子どもに，「これから指示を出すから，聞いてくださいね」など，声をかけることも有効である。視覚認知と聴覚認知とどちらが得意か理解して，得意な方法での支援をすると効果的である。読むこと・話すこと・書くこと・計算することなど，その子どもが不得意なことには支援を行い，得意なことをほめて伸ばすことが必要である。

　不得意なことばかりに目を向けると，自信を失うことにもつながる。得意

なこと，好きなことを伸ばすことが学習意欲につながるのである。

３．心理的に一貫した指導の必要性

　指導する際は心理的に一貫した対応が必要である。「よいことをしたら，よいことが起こる」「わるいことをしたら，わるいことが起こる」という一貫性である。例えば，頑張って課題を解決したら，「よく頑張ったね」という声かけとともに，「では，次の課題プリントをしてください」と言われたら，子どもはどう思うだろうか。その子どもがその学習が好きであれば，次の課題をやる気になるだろうが，好きな課題でなければ，「頑張ってやったのに，また次の課題がある」と思い，やる気を失うだろう。また，癇癪を起こしたときに，癇癪をとめるために，その子どもが欲しいものを渡したら，癇癪がおさまることがある。子どもからすれば，癇癪を起こしたのによいことが起こったと思い，癇癪を繰り返すことになる。子どもの中にうまれる「誤学習」である。誤学習をいかに防ぐかが大切である。

　指導をするときは，「シンプル・クリア・ビジュアル」の３つがポイントである。シンプルは伝えたい情報だけを話す，刺激を少なくすることである。クリアは活動の順序・内容を明確にすることである。「ちゃんとしてください」ということも多いが，「ちゃんとする」という言葉だけでは，何をどうするのがわからない。「プリント１枚を14時までにします」など具体的に明示する。また，その子どもに応じたプリントを準備することで，授業で何をするか明確になる。ビジュアルは「情報を視覚的に提示して見てわかるようにすること」である。言葉で言ってもわかりにくいことは，図や写真で示すことである。

　発達障害の子どもたちの支援には環境調整が求められることが多い。わかりやすい環境作りとは，①場所や場面の設定，②時間やスケジュールの設定，③活動内容や手順の明示，④教師の言葉がけや関わりの４つである。授業では，座席をどこにするのかは子どもが落ち着いて授業に参加できるかの大きな要因である。視覚的・聴覚的に刺激が少なく，教師が支援しやすい位置にする。

　以上のように発達障害の子どもたちへの配慮は，教師の子どもとの関わり方を変えたり，わかりやすい授業作りへのきっかけになる。いわゆるユニバーサルデザイン型の授業作りとも言える。

Ⅱ 事　例

1．離席行動が目立つ小学校1年生A君

　小学校1年生のA君は，4月中旬の入学当初から離席が目立つようになった。離席が目立つために，新任の担任はすぐに声がかけられるように，教師の机のすぐ前に席を配置した。離席をするたびに，「席を離れたらだめ」と注意を繰り返す日々が続いた。A君を注意する声は，周りの子どもたちにも影響を与える。担任が注意をするたびに，授業が中断するために周りの子どもたちもざわめくようになり，学級全体が落ち着かなくなってきた。同学年の先生に毎日相談はしていたが，具体的にどのように対応したらよいのか困っていたためにSCに相談することになった。入学前に行った保育園との連絡協議会では，気になる子どもについては話題になることはなかった。入学直後から，離席が目立つようになり，そのたびに注意はしているが，益々ひどくなって困っている。どのようにしたらよいか悩んでいる。以下は相談内容とアドバイスである。

①座席の位置を教師の机の前ではなく，一番後ろの席にすること。子どもには注目賞賛欲求があるので，注意することで欲求が充たされることがある。

②離席を注意するのではなく，席に戻ったときに声をかけることが大切。A君はほめられたいと思うので，席に戻ることが強化される。A君は感覚過敏がなかったので，ほめるときは肩を触るなどスキンシップで行う。

③教室から出ても大丈夫なように廊下にクールダウンの場所を設ける。体育で使うマットを置き，席を離れてもいいから，マットの上で落ち着くまで過ごすこと，落ち着いたら机に戻ってくることをA君と約束する。

④発達支援員が来たときには，発達支援員もA君の横に座り，担任と同じように席に戻ったときにほめるようにする。

⑤保護者面接はSCが行う。

　座席が後ろになったため，離席する回数が増えたが，廊下のマットの上で過ごす時間が長くなった。担任は離席がなくなるか不安だったが，A君の離

席を注意することがなくなったので，ストレスが減るとともに，他の児童への指導がゆとりをもってできるようになり，教室全体は落ち着いてきた。ただ，6月になっても着席時間は増えなかった。

2．SCと保護者の面接

　A君の母親は学校から呼びだされて最初戸惑っていたが，A君が学級の中で離席が目立つことになったので，クールダウンできるようにしていることなどを伝えると，感謝の言葉ともに次のように話した。「家でも落ち着きがなく，すぐに癇癪を起こして困っている。近所の人から虐待ではないかと児童相談所にも通報がいったようだ。発達障害ではないかと思っている。どこか診断ができるところはないでしょうか」との話だった。また，父親が厳しくて，A君が何かしたらすぐに叱るとのことであった。

　A君は家でも叱られることが多く，学級では注意されることで，注意を自分に向けたいと思っているようだった。6月中旬から発達支援員との関係もできたことで，廊下に出てもすぐに机に戻ってくるようになってきた。着席すると担任がほめてくれるので，着席行動も増えてきた。発達支援員がいるときは，算数の問題を出したりして，学習にも取り組めるようになってきた。SCが何度か面接をする中で，父親にも面接に来てもらった。父親には，子どもが癇癪を起こしても，叱らないようお願いした。叱っても癇癪はますますひどくなるからである。両親とも叱ることはせず，スキンシップを大切にするようになった。

　離席行動は減ったが，完全に着席して，学習に参加するには至らずに夏休みを迎えた。担任は夏休みに家庭でどのように過ごすか心配していたので，8月の初旬と下旬に保護者に電話でA君の様子を聞く約束をした。

　2学期になり，最初は離席が多かったが10月になると離席行動が減ってきた。3学期になると友だちも増え，離席もなくなり，学習も頑張るようになった。

　離席行動を繰り返しその度に注意を繰り返すことで，子どもの状態が悪化した事例である。子どもの行動のどこに着目するかで教師の関わり方を変えることができる。離席ではなく，着席したときにほめることによって，着席行動を増やした事例である。また，保護者の対応が叱る場面が多く，「できない→叱られる→問題行動が増える→叱られる」の悪循環に陥っている場合も

多い。学校だけではなく家庭でも同様なことがある場合は，保護者の子どもに対する関わり方も変えてもらう必要がある。

　この事例は廊下にクールダウンの場所を設けたこと，発達支援員による支援が1日に2時間ついたこと，SC が保護者の面接によって，A君に対する親の関わり方が変わったことで，問題行動が減少し，学級にも適応的になった事例である。離席行動が目立つ事例に対して，全ての事例でこの方法ができるわけではない。学校も家庭も，基本は問題行動に焦点をあてるのではなく，よい行動に焦点化して，ほめることを原則とすることである。

引用・参考文献

文部科学省（2022a）「通常の学級に在籍する特別な教育的支援を必要とする児童生徒に関する調査」有識者会議（令和3年度）会議資料．https://www.mext.go.jp/kaigisiryo/2021/mext_00275.html

文部科学省（2022b）通常の学級に在籍する特別な教育的支援を必要とする児童生徒に関する調査結果（令和4年）について．https://www.mext.go.jp/b_menu/houdou/2022/1421569_00005.htm

文部科学省（2022c）令和4年度　学校における教育相談体制充実に係る連絡協議会資料．https://www.mext.go.jp/b_menu/shingi/chousa/shotou/066/gaiyou/attach/1369814.htm

> ### コラム　不安を希望にかえるもの

　「全ては出会いから始まる」。筆者が学生時代に聞いたフレーズだ。書物や自然，そして，いろいろな人との出会いが，自分を創っていく。しかし，新しい出会いには，不安もついてくる。学校の4月は新しい出会いのときだが，その一方で不安もたくさんある。

　高校生の時，五木寛之の『青年は荒野をめざす』を読んで，いつかシベリア鉄道に乗って，ソ連（現在のロシア）に行ってみたいと思うようになった。主人公のジュンイチロウがシベリア鉄道に乗ってモスクワに行き，アルバイトをしながらヨーロッパを回り，「自分探しの旅」をするという物語だ。筆者も大学生になり，アルバイトでお金を貯めてシベリア鉄道の旅に出た。鉄道で地球の広さを実感したいという思いが一番だった。横浜から船に乗り，ナホトカに着いて，そこから8日間の鉄道の旅が始まる。社会主義の国はどんな国だろうか，どんな出会いが待っているのだろうかという期待があった。しかし，ナホトカに着いたとたんに，好奇心と期待とは裏腹に，言葉が通じない国で2カ月間も過ごせるのだろうか，病気になったらどうしよう，と次から次に不安がわき上がってきた。車窓から見えるロシアの平原も，一日も乗ればずっと同じ

景色の繰り返しで，他に考えることがないためもあった。そんなときに救われたのが，夕方１日に１回車掌が持って来てくれる温かいチャイ（ミルクティ）と笑顔だ。ヨーロッパの国々にも足を伸ばしたが，新しい国に行くたびに，言葉も文化も通貨も違うことに戸惑った 60 日間の一人旅だった。しかし，言葉はわからないけれど，笑顔に救われた旅であったことを昨日のことのように覚えている。

　さて，セカンド・オピニオンという言葉をご存じだろうか。最近，筆者も医師のセカンド・オピニオンを求めるために，最初に受診した病院に検査結果をもらいに行く機会があったが，どう伝えればよいのか，「セカンド・オピニオンを求める意向を伝えたときに，医者はどう思うだろうか」と逡巡した。カウンセラーとして相談に乗るときに，「他の医師の意見も聞いた方がよいかもしれませんね」と気軽に言っていた自分だったが，セカンド・オピニオンをもらうことを最初の医師に話をすることのハードルの高さと，「自分を信じていないのですか」と言われたらどうしようという不安が大きくなることを実感した。「セカンド・オピニオンを」と話すと，その医師が「わかりました。……また，来てくださいね」と笑顔で言われたときは，ほっとした。

　学校の４月は，希望という種をもった子どもたちとの新たな出会いが始まる。しかし，希望よりも不安が大きい子どもたちも多いはずである。不安を言葉で表現できずにため込む子ども，体の不調を訴え，落ち着かない子どもたちもいる。そんな子どもたちの不安を希望に変えるためには，まず，しっかりと笑顔で話を聴いてあげることだ。

初　　出
増田健太郎（2018）不安を希望に変えるもの．教育と医学，66(4).

第7章

学級崩壊の現実と対応

Ⅰ　「学級崩壊」とは何か

　学級崩壊は「なんらかの理由において，学級単位の授業を含む学級経営が成り立たなくなった状況」である。国立教育政策研究所は，学級崩壊を「学級がうまく機能しない状況」であり，「子どもたちが教室内で勝手な行動をして教師の指導に従わず，授業が成立しないなど，集団教育という学校の機能が成立しない状態が一定期間継続し，学級担任による通常の手法では問題解決ができない状態」と定義している。学級崩壊には不全状態に至る経過や深度があり，時には担任の休職，交代といった事態を伴う場合，また，いじめや不登校，自殺や教師の精神疾患の要因となる場合，保護者のクレームや家庭と学校の対立に発展する場合など，学校臨床問題が凝縮された現象である。学級経営が成り立っていない学級は現在に始まった状況ではなく，従来からも存在していたという年輩の校長は多い。

　しかし，「学級崩壊」は調査上の特有の困難があり，その実態把握は容易ではない。調査の困難とは，具体的には次の5点である。

①何をもって「学級崩壊」現象とするのかは，いじめの問題と同様に，幅がありすぎて主観的になる。

②他者からみれば，「授業が成立していない」とみるのに，学級担任はそれを認めようとしない傾向にある。

③校長は「学級崩壊」を公的には認めない傾向にあると考えられる。学級崩壊の学級が学校に存在することは，自分の学校経営の責任を追求されるからである。ゆえに，統計的には暗数があるものと考えられる。現在も学級崩壊の公式な調査は行われていない。

④学級王国的な閉鎖的な学校組織文化が残っており，隣の学級の状況を知らない場合が多い。

⑤他の校長を始めとしてネガティブな情報を知りたくないという心理が働く。

　須藤（2016）は，学級崩壊が問題化したのは1990年代後半からであり，自己中心的な言動をする児童が多くなったことや新任教師の学級で学級崩壊が起こりやすいことを指摘している。

　不登校・いじめと同様に教育相談がその対応を求められる教育病理であることは確かである。しかし不登校・いじめは個別のレベルでも対応が可能であるが，「学級崩壊」は学校組織文化と深く関連した現象であるため，学校組織での対応が必要になる。

Ⅱ　事例から見る学級崩壊

１．学校・学級のプロフィール

　①学校の概要：各学年3学級の中規模校。教師の関係は良好であるが，トップダウンのリーダーシップである校長と教師の関係はあまりよくない。

　②学級の概要：担任A教諭（40代，赴任して2年目）。「子どもたちを一方的に叱る」というのがB教諭（ティームティーチング：TT教員）からのA担任の印象。4年2組（男子15名・女子12名，計27名），男子はお調子者が多く，女子はおとなしい子どもが多い。男子が学級の雰囲気を作っている。

２．調査の方法

　学級崩壊の現象の全体像を把握するために，A教諭（担任）・教頭・B教諭（TT教員）・C教諭（同学年教員）・保護者（2名）に面接調査を行い，メモ・言説をもとに，現象を時系列で表したのが表1である。

３．学級崩壊になるまでの流れ

　「5月までは順調だったが，6月の初旬に男児がふざけたのを注意してから，他の子どもたちも何か注意を聞かなくなった（A教諭）」ことを契機に学級全体の様子が変わっていく。「算数の授業をしていても，少し落ち着かない程度（B教諭）」で，「隣の学級にいても全然わからなかった。学年会のときも，教材や授業の進路，特に体育会のときは行事のことだけで，子どもたちのことは話さないから，どんな感じなのかわからなかった。（C教諭）」という状況で，7月になると授業が成立しない状況になる。このときは，保護者が偶然見た学級の様子で心配になり，教頭に相談し，校長・教頭・同学年教員・TT教員の中では，「学級が荒れ出している」という認識をもっている

が，もうすぐ夏休みに入ることもあり，具体的な手だてはとっていない。そのため，学級が荒れていることを知っていたのは，同学年のＣ教諭，ＴＴのＢ教諭と校長・教頭・教務主任のみであった。

「２学期になり，授業妨害・いじめなどが多発し，子どもたちの問題行動が学級の外にも見え始める。保護者会を２回緊急で行い，保護者も授業を交代で見に来るが逆効果だった。結局，３学期に担任が教務主任に替わること

表1　学級崩壊の時系列（続く）

	学級・子どもの状態	学校（担任・学年・ＴＴ・管理職）	保護者
4・5月	・担任が男性に変わったことで喜んでいる。多少の厳しさがあったが，時々冗談も言うことで，男子は好意的に受け止めていた感じ。 　ＴＴの授業の際も，他の学級と変わらない。	・担任Ａは２年続きの４年生であったが，人事委員会では，この学年しか務まらないだろうとの判断が働いた。校長は学校・担任の事情を正確に把握してない。今年度同学年の先生は，昨年度同学年だった先生から話を聞いていたので，やりにくさを感じていた。	・前年度受けもたれていた保護者から状況を聴いていた一部の保護者が，「先生は大丈夫か」と心配していた程度。
6月	・男児が授業中に，手遊びを注意され，ふてくされる。そのことをきっかけに，授業中，全く話を聞かずに，ふてくされる日が続く。別の男児がふてくされた児童に同調する態度をとる。他の子は傍観する感じ。ＴＴの授業中は，少し落ち着かないかなぁという程度。	・担任は，「男児がなぜ授業中，話を聞かなくなったのかわからない。家庭のしつけがなっていない」と時々愚痴をこぼす。力で抑えつけたいという思いが強い。	・授業中，男児が言うことを聞かないで騒いでいることを知っている保護者はほとんどいない感じ。ただ，担任のやり方が見えだし，不信感を覚える保護者はいた。
7月	・男児が授業中，怒って教室から飛び出す。それを見ていた男児たちが何人か飛び出すが，他の先生に注意されて教室に戻る。 　ＴＴの授業以外は，ざわざわしていたらしい。 　・女児がいじめられ，物が隠されるが，だれがやったかわからない。黒板に落書きが増え，教室に物が散乱しだす。 　・中心となっていた男児とは別の男児も授業を聞かなくなった。席替えをするといったら怒って，机を倒す。２人の席は変わらなかった。女児が何人か注意をするが，全く聞かない。 　学級全員で整列することができない。	・「担任の怒鳴り声がよくする」と隣の先生が言っていたが，他の先生たちは，この学級がどんな感じかよく知らない。 　・教務主任は教頭と相談し，担任に指導法を見直すように促すが聞く耳をもっていない感じだった。校長も少し荒れてきたという状況は知っていたが，指導をしようとはしなかった。子どもの状態が悪くなったら，教務主任か教頭が教室に行く。そうすると，一応は落ち着く。もうすぐ夏休みという意識が働く。	・特定の女児の保護者から「いじめられているので，何とかしてほしい」と担任に手紙が来ていた（２学期になってから管理職は知る）。 　・学級の様子がおかしいのでは，とPTAの役員（この学級に児童在籍）から教頭が相談を受ける。他の保護者は，その状況をほとんど知らないが，たまたま教室に行ったとき，子どもたちが騒いでいたのを見た保護者もいたようであった。

表1　学級崩壊の時系列（続き）

	学級・子どもの状態	学校（担任・学年・TT・管理職）	保護者
9月から12月	・新学期が始まって，1週間はおとなしかった。男児が授業中，ふざけたので，担任が注意すると「××」と言う。怒った担任は男児を注意する。男児は机を蹴り飛ばして，家に帰る。別の男児も外に飛び出すが，他の先生に連れ戻される。 ・それから，男児は授業中，全く教科書・ノート類を出さない。気に入らないことがあると，机を蹴る。前に座っていた女の子がいやがると，わざと繰り返し椅子を蹴る。 ・男児2人は，中休みなかなか戻ってこなくなる。何人かの男子が2人に同調するようになる。学級の鍵がなくなる。 ・日々，学級の状態が悪くなる。 ・保護者会の後，教務主任・教頭・B教諭で子どもたち一人ひとりからゆっくり話を聞く時間を設ける。 ・TTの時間を増やしたり，教務主任が授業をする時間を増やした。	・男児が注意され，家に帰ったことで，校長が担任を指導する。それから，担任は男児にはちゃんと機嫌をとるような声を出すようになる。それでも言うことを聞かないときは，大声で怒鳴る。その繰り返しが続く。他の男児にも同じような感じで接する。戻ってこない男の子たちを窓から大声で呼ぶ。その声で，あの学級は荒れていることを知るが，学級がどんな状態なのかを知らない教員が多い。「担任の指導がわるいから」という感じで見ている。 ・児童の状態がわるいと，教頭か教務主任がインターホンで呼び出される。 ・男児数名は依然として落ち着かないが，他の児童は少し落ち着き始める。 ・担任以外の授業のとき，比較的落ち着いて授業を受けている。	・女児の親から何度も，抗議の手紙と電話が来る。この抗議で校長が真剣になる。 ・保護者会を開く。保護者からどうして男子の保護者が少ないのか不満の声が出る。担任の発言の端々に親がわるいという言葉が出る。 ・ある保護者からは「問題ある家の親を指導してください」という声も上がる。 ・保護者が授業を見にくる。もう一度，全員参加でクラスの保護者会をする。 ・夜，緊急保護者会が開催され，ほとんどの親は参加した。 ・保護者の有志数名が，教室に来るようになったが，児童の状態は変わらず。逆に監視されていると思ったのか男児の態度が悪くなったと感じる保護者もいた。
1月から3月	・授業が落ち着かないため，教務主任が担任を兼務することになった。 ・最初は落ち着かなかったが，徐々に落ち着き始める。 ・男子が椅子を蹴ったとき，教務主任が体で制止したことをきっかけに，男児たちの離席や人をからかう行動がなくなる。 ・学年スポーツ大会などを開くなどしたおかげで，児童のエネルギーがスポーツなどに向けられる。 ・元担任は宿題ノートなどに丁寧にコメントを書いて返すことやテストの採点などを行った。 ・2月には授業を受ける態度もよくなったので3月から徐々に元担任の授業を増やした。	・担任を教務主任がすることになり，学校運営に影響が出始めるが，学級が荒れている状況を改善することが優先事項であったので，不満を言う教師はいなかった。 ・教職員全員が学級の荒れを認識していたため，体育館や運動場を優先的に使うことなどの配慮や，当該学級の児童を見かけたらほめる機会が増えた。 ・教務主任が担任をするようになって，落ち着いてきたが，3月に授業を元担任が少しずつするようになってから，再び落ち着かない状況が少し出てきたが，何とか終業式を迎えることができた。	・担任が変わったことで，保護者は安心した様子。いじめられていた女児の対応も教務主任が行ったため，3学期以降，保護者からの相談はなくなった。 ・よく暴れていた男児3名の保護者と教頭・教務主任が面談をして，学級の様子を毎日伝えるようにした。その際に，できるようになったことを中心に伝えることとした。

で，子どもたちの行動は徐々に落ち着き，保護者の気持ちも収束していった。（教頭）」。詳細は表1参照。

4．学級崩壊の要因は何か

　学級崩壊の要因は複合的であり，特定の要因を断定することはできないが，国立教育研究所（現国立教育政策研究所）が1999（平成11）年に行った聞き取り調査による分析によると，「その7割は教師の指導力不足である」と指摘している。また，その対処方法は，早期発見と校長のリーダーシップよる協力体制の確立であると述べている。

　では，本事例で検討してみたい。

　早期発見の視点で見ると，3年生の前担任の段階で子どもたちが落ち着きがないという前兆はあった。そこに，4年生になって，教師の指導力不足・不適切な指導が重なった。

　そもそも4年生の2クラスを誰が担任をするかという担任決定の段階で，A教諭の指導の問題について気になることは認識していたが，A教諭と同学年を誰と組ませるかと考えたときに，指導力があり温厚なC教諭と組ませるのがよいだろうという校長の学校内の人事のバランスも含めた判断のもと，A教諭は4年生を受けもつことになった。教師文化は同僚性重視であるため，同学年の教師との関係を重要視する傾向にある。つまり，「どの学年でどんなことを子どもたちとしたいか」よりも，「どの先生と同学年を組むか」が優先的価値になっているのである。また，本事例でもわかるように学級の状況は全教師が共有するに至っていない。そこに学校組織文化としての課題が読みとれる。

　4年生になって4・5月の段階で，学級が崩れ出す子どもの行動が現れ始めた。7月の段階で保護者からの相談を受ける等，早期発見はできているが，その対応をとっていない。この段階で職員会などで対応が話し合われたことはなく，「他の先生の話で状況を知るだけだった（C教諭）」。

　9月の段階では，授業が成立しない状態になり，10月の段階で運営委員会・保護者会などで，対策を話し合っているが，具体的対策をとっていないため，担任批判とともに問題行動を起こす家庭への批判になっていた。

　教頭・教務主任が緊急時の対応をとったり，保護者が参観に来たりしているが，状況は悪化している。保護者会の内容を見ると，指導力の問題が浮き彫りになったが，それをカバーするだけの校長のリーダーシップおよび教師

の協働性が，2学期前半までは形成されなかった。3学期になり，担任交代という対応策とそれを支援する協働性が生まれて，事態が好転していった。

　この事例から，学級崩壊とその深刻化の要因は次の3点があったことが明らかになった。

①学級王国である密室体質の小学校においては，教師の人間関係による「情報の共有」の阻害が早期発見を遅らせる。担任と同学年や他の教師とのインフォーマルコミュニケーションがとれておらず，早期発見が遅れている。
②担任の学級経営や指導の方法が改善されていない。
③学校全体として，有効な対応がされておらず，事態が悪化した。

Ⅲ　学級崩壊における教師の要因

　学級崩壊の原因は，①教師の問題（指導力不足・多忙化等），②子どもの問題（子どもの価値観の変容等），③親の問題（家庭の教育力の低下・学校不信等）の3つに大別できる。これらが複雑に絡み合い，影響し合う中で，学級崩壊は起こる。先に述べたように，国立教育研究所が学級崩壊があった102事例を分析した結果，教師の指導力をその一因とした事例が約7割あったと報告されている（国立教育研究所，2000）。

　しかし，学級崩壊は，多種多様な問題が絡み合って起きているので，どんな学級にも学級崩壊が起こる可能性がある。確かに，学校現場で学級崩壊が起こると，「あぁ，やっぱり」という反応と，「どうして，あの先生の学級で」という全く逆の反応がある。しかし「学級崩壊」を起こした教師の教育観・言動をもう一度，丁寧に分析していく必要がある。上述した2つの反応ごとに，教師について分類すると表2のようになる。

　教師の教育に対する情熱を見るとき，「大きさ」と「方向性」の2つの視点でみる必要がある。従来は，教師の情熱の大きさだけで教育が可能な時代だった。情熱さえあれば，どんな教育方法でも子どもたちはついてきていた時代もあった。それは，親や子どもに学校信仰があり，ストレス耐性もあったからである。現在は，「情熱の方向性」が問われる時代である。その方向性が集団主義的方法論や「厳しさ」という精神論だけに依拠していたりすると，子どもたちはたちまちストレスを蓄えてしまい，学級崩壊への道にはま

表2　2つの反応による教師の分類

「やっぱり」型教師	「どうして」型教師
教育に情熱がない	情熱はあるが，方向性が子どもと合っていない
指導力がない	熱心そうであるが，子どもにとっての熱心さではない
叱ることが多く，ほめることが少ない	

ってしまう。これがベテラン教師がはまる落とし穴である。

　学級ではなく「一人ひとりの子どもたち」と人間としてどう向き合えるかが，落とし穴から脱出する鍵である。日常の当たり前の子どもたちとのふれあいをおろそかにしないで，子どもたちとの個人的な関係を作り出す取り組みが大切である。また，「教師が間違ったことをしたときに，素直に謝らない」と子どもとの信頼関係を結ぶことはできない。つまり，教師の教育観が教師万能論による「指導」から脱却をせずして，子どもとの関係は作り直せないのである。

IV　学級崩壊を防ぐためのヒント

1．学級崩壊へどのように対応したか

　図1は，学級崩壊に対して誰が主体となって対応したかについて，筆者が学級崩壊を経験したことがある教頭101名を対象に2021（令和3）年に調査したものである。学校全体での対応が多く，その内容は授業の交換や担任の交代などである。一つの学級で学級崩壊を起こすとそれが，同学年や他の学年まで連鎖することがある。よって，学校全体で一つの学級崩壊に対応することが，学級崩壊の連鎖を防ぐことにつながる。学年だけでの対応が2番目に多いが，この場合は学校全体での対応に比べて同学年の教師の負担が増すことにつながる。教育委員会の対応は，学校全体が落ち着かなくなったときに，教育委員会の指導主事が派遣され，学級経営の見直しの指導や保護者対応に当たってもらったとのことである。SCやSSWの対応が少数なのは，勤務時間の問題や学級崩壊はSCやSSWの仕事ではないという認識が学校側とSCやSSWの双方にあることがその要因として考えられる。しかし，学級崩壊は，いじめや不登校・教師の精神疾患の問題など学校臨床の問題である。まずは，学級の状況を観察した上で，担任の授業の進め方や，児童との

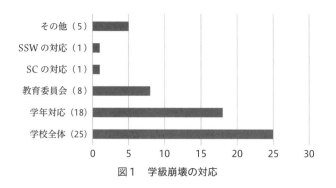

図1　学級崩壊の対応

コミュニケーションの取り方などを把握してもらい，コンサルテーションを行うことも可能である。また，不登校やいじめを受けている児童の心理的ケアについても積極的に活用すべきである。

2．学級崩壊を防ぐために

　学級の人数を一人の教諭がより細かく把握できる人数に減らすことが，子ども一人ひとりと関係が持てる教育を行う上で必須である。学級集団を従来の学級王国的なものとせず，学習に応じて柔軟に学習組織を変えていくことを前提とした場合，担任一人の力量ではなく，学年または学校全体の教育体制を充実させることが，責任をもって子どもの教育にあたることを可能にする。現在では TT による授業で課題別学習編成をしている学校も増えてきている。以下，学級崩壊を防ぐためのポイントを挙げる。

①新年度の4月当初に，学級経営の方法（席の決め方・グループの決め方・学級ルールの決め方等），児童をほめて育てるための工夫についての研修会を行う。また，気になる児童の情報を共有する。

②Q-U アンケートなど学級と個別の児童の状態像を把握するアンケートを行い，学級の実像を客観的に把握する。特にアンケートをとった後は，すぐに児童の回答を一読し，学級の実像を把握するとともに，気になる児童をチェックする。時間を守ること・必要以外は着席をして話を聞く態度など，学級のルールが守られているか確認をする。

③子ども同士の人間関係や担任と子どもとの関係がどうなっているのかを再確認する。

④学級崩壊初期の段階で，他の学年の先生と授業交換を行い，子どもた

ちの様子の意見交換を行う。

⑤気になる児童は SC や SSW に早期に相談する。

⑥「指示が通らなくなった」「反抗する児童がでてきた」「ルールを守らない児童が出てきた」など，学級崩壊の兆候がでてきたときには，早めに同学年教員や校長・教頭に相談し，対応する。他の学年の担任と授業交換を行ったり，専科の授業を増やす，他の教師が授業を受けもつ時間を増やすなど，担任以外の教師が授業を行うことで児童が落ち着いて授業を受ける時間を増やす。

⑦学級崩壊の中期の段階になると，担任交替をせざるを得ない。完全に学級崩壊になったときは，担任を交代しても回復するのには時間がかかる。教務主任や教頭が担任となると学校経営に支障をきたすことは明らかであるが，教師不足の現在では，取りうるべき方法の一つだと考えざるを得ない。

　先述した通り学級崩壊の調査はされていないこと，また新聞やテレビなどのマスコミに取り上げられていないために，学級崩壊は減少している印象であるが，学校現場の先生方に聞くと以前よりも増えているという実感を持っている。学級崩壊をどう防ぐのか，学級崩壊になりかけたらどのように対応するのか，SC や SSW の活用も含めて改めて考えるときが来ている。

引用・参考文献
河村茂雄（2006）学級づくりのための Q-U 入門．図書文化．
国立教育研究所（2000）学級経営をめぐる問題の現状とその対応―関係者間の信頼と連携による魅力ある学校づくり．国立教育研究所広報，124．
国立教育政策研究所生徒指導研究センター（2005）学級運営等の在り方についての調査研究報告書．
文部科学省（1999）いわゆる学級崩壊について．https://www.mext.go.jp/component/a_menu/education/detail/__icsFiles/afieldfile/2015/08/25/1222198_014.pdf
須藤康介（2016）学級崩壊の実態と発生要因．教育と医学，64(5); 4-11．

┃ コラム　仕事の優先順位を決める方法 ┃

　教師の多忙化が叫ばれて久しい。特に近年は，教員不足が顕在化し，教育現場はブラックであると言われ，精神疾患を患い休職する教師や，早期退職する

教師も増加傾向にある。

　教育の仕事は無限大である。しかし，時間は有限。児童生徒が学校に来ている時は，授業や生徒指導に追われる。授業が終わっても会議や生徒指導・部活動に時間が取られる。教師が専門職たるゆえんは授業力であるが，その授業の準備をする時間が勤務時間内に確保できないのが現状であろう。ICT化で効率的になった面もあるだろうが，教師全体の仕事を考えると勤務時間内に終わらせるのは至難の業である。仕事をどのようにすれば効率的かつ効果的かを再考する必要がある。

　まずは，仕事の優先順位を考えてみよう。緊急度・重要度・仕事の軽重およびその量で優先順位は決まる。子どもの安全に関すること等は，緊急度が優先なので何をおいても取り組まなければならない。それ以外は，勤務時間内でどうやれば，効率的かつ効果的か考える必要がある。

　仕事が10個あったとする。その10個にかかる時間と重要度を想定してみる。重要かつ時間がかかる仕事から取り掛かる傾向はないだろうか。その仕事に取り組むことによって，他の簡単な仕事は優先順位が低くなってしまう。重要かつ時間がかかる仕事は，その日のうちに終わらないことが多い。そして，他の仕事も結局終わらず，次の日に持ち越しになるということも多いのではないだろうか。仕事の順番は，すぐに終わる仕事をいくつか片づける。そうすると10個の仕事の内3個が終わったと思えば，心は軽くなるとともに，仕事への集中度が増す。その仕事が終わるまで帰らないと決めてしまうと，結果的に集中力が低下する。内容ではなく，終わる時刻を決めて，その仕事に取り掛かることが効率的に仕事をするコツである。時間を決めていると「締め切り効果」で，集中力が増すからである。また，1時間集中したら，5分間ぐらい休憩をとることも肝要である。これを「休憩効果」という。疲れた体と脳で，仕事をやるとミスも増える。最初から細かいところまで正確にやろうと思えば，神経が疲れる。最初はアバウトでも最後までやり，それから最初に戻って，細かなところを修正していく方が効果的である。

　教師の仕事に，テストの採点や作文の添削がある。これらは，その日のうちに，できればその場で採点することが効率的かつ効果的な方法である。児童生徒にフィードバックしてやり直しをさせるにしても，テストや作文に取り組んだすぐ後の方が，記憶も薄れていないことに加え，結果を楽しみにしているので効果的である。例えば，作文を書かせて，家に持ち帰り，何時間もかけて添削とコメントをして，一週間後に返すよりも，書いたその日のうちに返した方が，子どもたちもうれしいはずである。教師側からするとテストの採点や作文のコメントなどは時間が経てば経つほど，「やりたくない気持ち」が増加して，効率が悪くなる。ミニテスト等は自己採点させる方が効果的な場合も多い。また，テストを2種類用意して，1枚目を集めた後に2枚目に取り組ませる。2枚目のテストに取り組んでいる時に1枚目を採点する。2枚目を採点するとき

は，自学をさせるという方法もある。授業時間内に採点や作文のコメントを返すためには，「落ち着いた学級」であることが必要条件であることは言うまでもない。また，速読術を身につけておくと，テストの採点も作文の添削コメントも効率的に行うことができる。

　文科省がネットで公開している ICT を活用した働き方改革の報告書は，具体的な取り組みとどれだけ効率的になるか（時間短縮）が掲載されており，とても参考になる。

引用・参考文献
文部科学省（2021）全国の学校における働き方改革事例集．https://www.mext.go.jp/content/20210330-mxt_kouhou01-100002245_1.pdf

第8章

保護者のクレームとその対応

Ⅰ　クレームが生まれる背景

　生きる力の育成・学力向上・教師の資質向上や子どもの命を守るための危機管理システムの構築等，学校の課題は山積している。そのような現状の中で，保護者からのクレームが増加している。保護者からのクレーム等に翻弄されることで，教師のメンタルヘルスにも大きな影響が出ている。筆者は学校フィールドワーク（幼稚園から高等学校）で各学校の校長先生や先生方から話を聞く機会が多く，「保護者のクレームにどう対応したらよいか」という相談を受けることも多い。「クレーム対応の方法」についての研修会を開いてほしいという声も多く聞かれるようになっている。

　では，なぜ保護者のクレームが増えてきたのか。保護者と学校の関係においては，「学校にお任せします」という言葉で象徴される学校信仰を基盤に展開した時代から，建前上の「お任せ主義」の時代を経て，価値観の多様化と自己主張・個人主義の時代へと移行してきた背景がある。学校への不信感が高まる要因として，①学校の社会的な威信が低下したこと，②保護者の学校に求めるものが多様化したこと，③保護者と教師のコミュニケーションが不足していることの3点が考えられる。

　保護者からのクレームの対応を誤ると，教師の精神疾患や休職・離職を誘発するとともに，次のクレームを誘発し，大きなトラブルに発展しかねない。逆に，一つのクレーム対応が学校改善やリスク回避の端緒にもなる。つまり，クレームと一括りにするのではなく，その背景や本質を考え，各クレームを峻別した対応が求められるのである。

　クレーム対応は学校の主体性と深く関連している。教育経営においては，その学校の主体性と保護者・地域との協働，教育活動と教師のメンタルヘルス等のバランス感覚が問われている。さらに，クレームは教師の精神疾患の契機になる可能性もある。教師の多忙化が指摘されて久しく，ストレスフルな状況が続く中で，保護者からのクレーム一つでバーンアウトするケースもある。逆に，クレームをなんとも思わないセンスのなさでは，教育力の向上は望めないのである。

　現代は学校の責任と対応が必要以上に問われている。保護者の意識・子どもの行動変容が進み，従来の学校観・教育観では，対応できない時代になってきている。

　そこで，本章では保護者からのクレームの実情を整理した上で，学校におけるクレーム対応の方法を提示し，学校危機管理システム構築の提案を試みたい。

Ⅱ　クレームの定義と分類——クレームからイチャモンへ

　クレーム Claim には「文句をつけられる」という印象があり，ネガティブなイメージがつきまとうが，「苦情」と「権利を主張する」という2つ（関根，2002）の側面がある。前者の意味だけで捉えると，対立か回避かという側面が強調されるが，後者の意味で考えると改善するための大切な情報と受け取ることが可能になる。

　小野田（2003）は，保護者・子どもからの要求を「要望－苦情－イチャモン」の3段階に分類している。しかし，実際には質問や相談の背景には「こうしてほしいという願望」が含まれていることが多い。そこで，本稿では「相談・要望・苦情・イチャモン」の4段階で考えたい。なお，小野田（2003）によれば「イチャモン」とは「当事者の努力によって解決不可能あるいは不条理な内容を持つもの」である。

　保護者からのクレームをどのように受け取るかは受け手側の構えや認知，保護者との関係性の問題の影響が大きい。相談・要望には誠実に対応すれば解決する可能性は高いが，対応を間違えば，問題はさらに悪化する。しかしながら，「学校へのクレームに全て対応しなければならない」という前提に立つと，教師の物理的・精神的負荷は過重なものとなる。

　クレームを学校としてどのように受け止めるのか，そして，峻別して対応するシステムはあるのか，ないのであれば，今後どのようなシステムを構築していくのかを考える時機にきている。クレーム対応を危機管理システムの一つとして位置づけ，学校システム（学校組織文化・教授スキル・ソトとの協働方略等）を改善していくことが，クレームを減少させていくことに繋がる。

Ⅲ　クレームの実情——校長・教師・保護者・教頭への調査から

　クレームの実像を明らかにするために2つの調査を行った。一つは，2012（平成24）年に筆者が校長との面接調査・教師対象の質問紙調査において収集した学校へのクレームとストレス調査および保護者との面接調査，もう一つは2021（令和3）年に行った教頭の質問紙調査である。この2つの調査から見えてくる保護者のクレームの実像について考察したい。

（1）校長が受けたクレーム

　12名の校長の面接調査から得た分析対象のクレーム総数は76件である。クレームの内容は，「教師の指導22件，学校の対応19件，安全面での対応13件，学校環境8件，他の保護者の件6件，他の児童生徒の件5件，その他3件」である。実際には，表面に出てこないクレーム数はまだ多いと考えられる。その76件を分類すると「相談（14%）・クレーム（74%）・イチャモン（11%）」である。前述したように，クレームに関しては，丁寧に対応すれば学校改善の可能性も考えられるが，11%ある「イチャモン」に関しては対応に苦慮するばかりか，教師（特に対応している管理職）のストレッサーとなっていると考えられる。ここでは，学校がクレームとイチャモンを峻別し対応する力量が求められる。

　また，クレームの内訳を見てみると教師の指導に関することが22件で第1位である。けがなどの学校の対応のまずさの指摘が19件。けがの対応に関しては指摘された通りであることも多く，改善することは責務であるが，教師の指導に関しては，指導力不足教師と同様の教師側の問題なのか，保護者の自己中心性から来るクレームなのかを峻別する力が必要である。前者の問題であれば，教師の指導力向上も視野に入れた指導・支援が必要であり，後者であれば，担任と児童生徒および保護者との関係調整および事実確認に重点をおいた関わりが求められる。

（2）教師が受けたクレーム

　教師は保護者と直接的に関わっており，クレームは，連絡帳や電話・保護者会で受ける場合が多い。学級で対応できるものとしては，「子ども同士のトラブル・親同士のトラブル・担任の指導の在り方・通知表評価の方法・帰宅時刻が遅い」などである。担任に直接来るクレームは，担任への信頼から相談や要望が多いと考えられる。しかし，その初期段階の対応を疎かにして

いると，担任ではなく，校長・教育委員会経由でクレームが来る場合がある。また，同一学年の間で，教育方法が違うことによるクレームもある。例えば，宿題の量や授業進度・授業のプリントが違う場合などである。教育活動は学校・学年・各学級の統一性と各教師の主体性のバランスの上に行う活動である。学年内教師間での教育方針・方法のコンセンサスと担任独自の教育方針と方法のバランスを考えておくこと，保護者に最初の段階で，学年と学級の教育方針と方法について丁寧に説明を行い，同意を得ておくことが求められる。

（3）保護者の本音はどこにあるのか

　保護者が学校や担任に対して，どのようなことを考えているのかを調査するために，小学生と中学生の子どもを持つ保護者に面接調査を行った。保護者の面接調査の概要をまとめたのが表1の1から11である。学校教育に対する期待感・価値観が各保護者で違うこと，保護者の考えにも自己中心的な考えと学校・教師が改善すべき点の指摘の2つに分類されることが示唆された。例えば7は，学校は学力向上だけでよいとしているが1，2，4，5，6は生活面も含めた，全人教育的な機能を求めている。

　フォーマルな関係で考えると懇談会などの公の場で，教師と保護者が率直な意見を出しながら話し合うことが求められるが，その際に，自己中心的な考えが多くなると逆に教育活動ができなくなることが想定される。しかし，教師の一方的な話と建前的な意見の交換だけで終始すると，懇談会が教育を改善する場として機能しなくなる。

　教師に求められる力量は，保護者の言葉の裏・行間・表情から保護者の「本音」を察知すること，教育活動を進めていく上で保護者同士の関係をポジティブにつないでいくことである。そのことが潜在的なクレームを教育活動の中に反映させ，保護者との信頼関係を築き，結果的にクレームを減少させることに繋げることができる。

（4）教頭の調査から

　2021（令和3）年6月に教頭対象の「クレーム対応の研修会」を引き受けた際に，事前にクレームについてオンラインでアンケート調査を行った。教頭は教務主任時代も含めて，保護者クレーム対応の最前線に立たせられることが多い。また，担任へのクレームや担任の学級経営や授業力の力量も把握できる立場にいるため，比較的保護者のクレームが相談・要望なのかイチャモンなのかを峻別しやすい立場にいる。回答数は101人である。一部の回答

表1　保護者の教師・学校に対する考え

1	担任は自分がこの学級で何を重視するかをはじめから示して欲しい。説明が不十分なことが多く，親として不安になる。
2	テクニックというよりも人間としての姿勢の面において，親からの要望への教師の対応に問題を感じる。
3	問題が生じたときにも，そのことを学校が隠そうとしている。言ってもいいところは言って欲しい。
4	問題が生じたとき，加害者の生徒の保護者にはすぐ学校から連絡があったのに，被害者の生徒の保護者（自分）には連絡がなく，他からの情報で知った。
5	放課後，相談に行きたいと思っても研修などで先生がいないことがある。相談のタイミングを逃すことが多い。
6	一人ひとりの先生で個別にではなく，学校で共同してチームとして教育や保護者に対応してほしい。担任でなく，部活などのほかの先生が話を聞いてくれることもある。
7	何でもかんでもではなく，「学力」だけをつけることに学校は専念してもらいたい。学校は万能ではないし，しつけとかは学校では無理と思う。
8	教師は自分の方針を持つことが大切で，子ども個々の要求などは気にしないで進めていけばいいと思う。
9	教師は，他の企業のように「下積み」がないからストレスに弱いのではないか。
10	新任はまだやる気があるからいいが，もっと，頭が固くなってきた5年目，10年目の時に企業体験などやるべきと思う。
11	担任の「あたりはずれ」がある。この先生につくと学力はつかないという噂があったが，実際，その先生に担当されていた子どもたちはみんな塾に行くようになっていた。

は複数回答可としている。その後調査協力の同意が得られた4名の教頭に面接調査を行い，アンケート結果をもとにその実情について聞き取りを行った。以下，詳細についてそれぞれ見ていきたい。

　図1を見ると最もクレームが多いのは，5月・6月である。これは保護者が担任の力量を見極めることができ，学級での指導方法に不満が溜まりやすい時期であること，運動会等学校行事に対するクレームなどが増える時期であるからである。10月・11月に多いのは，学級の荒れや子どもの人間関係が悪化する時期と関係している。

　図2を見るとクレームの内容は，子どもに関するものは子どもの人間関係，いじめ，不登校の順に多く，次に教師のスキルに関するものは指導方法，学級経営，宿題などの順で多かった。子どもに関するものは相談・要望が多い

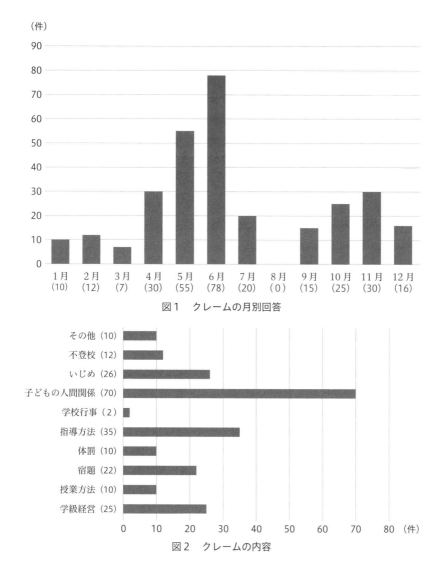

図1　クレームの月別回答

図2　クレームの内容

と思われる。全てのクレームの中で明らかに教師に問題があり，保護者の意見が正しいと考えられるクレームは31％であった。保護者のクレームに対応しつつ，担任の指導法についての指導も併せて行う必要があり，教頭の管理職としての負担が大きいことが容易に推察される。

　図3の「解決していないクレーム内容」からもわかるように，担任の指導が一番多く，またいじめを含む子どもの人間関係の調整・指導は，難しいこ

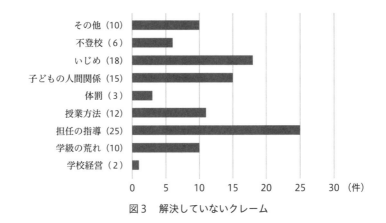

図3　解決していないクレーム

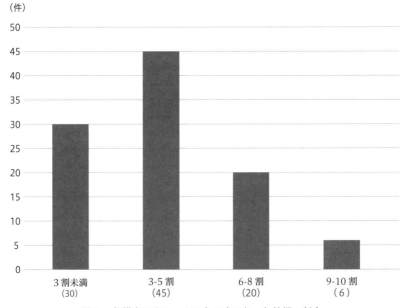

図4　保護者のクレームで心の病になった教師の割合

とがわかる。このクレームが続くと教師はメンタル不調に陥る。学級に一人でもイチャモン型のクレームを言う保護者がいると，たとえ学級経営がうまくいっていても，教師は過大なストレスを受け，心の病になり，休職・離職に繋がる（図4）。現在は非常勤講師を探すのが非常に困難な時代である。担任が休職・離職するとその学級の担任を教務主任や教頭が引き受けることになり，学校経営にも支障をきたすことになる。

表2　納得いかないクレーム

1	いじめをいじめと認めず，謝罪もしない。
2	転入してすぐに，いじめられているという連絡。
3	怠学による不登校の児童の保護者が，友だちからのいじめが原因だとしつこく主張し，相手の保護者に執拗に謝罪を求め，「念書を書け」等と何回も言ってきた。
4	児童同士のお金のやり取りで，お金を取り戻してほしい。
5	お金に関するトラブル。
6	保護者同士のトラブル。
7	お楽しみ会の在り方について。
8	担任の指導方法が納得いかない。
9	前年度の体罰事案の対応が納得いかない。
10	担任の交代をしつこく求めてきた。
11	不登校気味の児童に対して，授業態度を注意した時，他の児童と同じでは学校に行けなくなると今後の対応について受け止めてもらえず，かなりもめた。
12	わが子の言い分だけを聞き，過剰にクレームを繰り返す。
13	教師の話し方にクレームをつける。
14	言葉の真意がわかってもらえず，理解してもらえなかった。
15	事実無根の話で対応を求められる。
16	保護者が鬱で，何度も同じ話を繰り返し，まともな話ができずに大変だった。

　表2は「納得がいかないクレーム」である。いわゆる「イチャモン型」のクレームの可能性がある。何度も繰り返しクレームを言う保護者には，教師は時間的・精神的に追い詰められていく。教師の指導法を含めて，学校側に改善点があれば，学級経営や子どもの指導方法を見なおして改善していき，保護者に理解を求めることができるが，保護者側に問題がある場合，その問題を保護者に話すわけにはいかず，学校がとても困る事案である。

　16番のように，近年では，保護者側に精神疾患が疑われる事案も多い。一つの方法は，複数人での対応を原則とし，時間を区切るなどの時間枠を明確にすることである。座る場所はその保護者との物理的距離を少し多くとり，「時間も何時まで話をきくことができます」と最初に伝えておくことである。また，50分過ぎても話が続く場合は，他の教職員に頼んで，「○○先生，電話がかかってきています」等伝えに来てもらい，休憩をはさむことである。その場で解決しない場合は，次週の何時に来てもらえるか伝え，間をあけることである。同じ話を繰り返される場合は，心の病などの場合もある。SCに

繋いだり，そのクレーム対応のアドバイスを受けることも必要である。また，その保護者が帰った後は，心の中に溜まっているものをその場にいた教師同士でシェアリングをすることが，対応する教師自身の心の健康を保つためには必要なことである。愚痴を言い合うのである。

　電話の場合は，耳から受話器を離し，保護者の大きな声を聞かないようにするだけで，心のダメージも少しは抑えられる。保護者のクレーム対応は SC の職務ではないと考えている学校も SC も多い。先述したように保護者のクレームは子どもの人間関係やいじめのケースが多いこと，保護者のクレームで，心の病になる教師も多いことから考えると，SC は保護者のクレームにどのように対応したらよいかの研修会を行ったり，そのような事案に積極的に関わり，一定の役割を担うことが求められている。

Ⅳ　事　　例

１．いじめの加害者と直接話をしたいという小学校４年生の保護者

　小学校４年生のＡ先生の学級は，子どもたちに落ち着きがなく，友だちをからかったり，仲間はずれにしたりといういじめが起きていた。その中で，特にいじめられていたＢ子さんの保護者から，いじめている子どもの保護者に直接話がしたいから，時間をとってほしいとの連絡がきた。いじめられている保護者からすれば，いじめている子どもに直接話をしたり，保護者と話をしたいと思うのは自然な感情ではある。

　どのように対応したらよいかと筆者に相談があった。校長・教頭・教務主任・学年主任と担任，筆者とで対応の方法について話し合いをした。保護者の気持ちをしっかりと聴き，今後の対応策について，担任から話すこと，しかし，その時点ではどんな保護者か担任もよくつかめていないこと，両親２人で来るということが共有できた。そのため校長室で話を聴くこととし，事前に他の学年の教師に保護者役になってもらい，ロールプレイをすることにした。教務主任が進行をして，学年主任と担任が学級の現状，今後の対応を話すことにした。返答に困った時には，教頭が話すことにした。保護者の話は最後まで聴き，事実関係については，一つひとつ確認できる場合はその場で認めて謝罪するとともに，事実関係が不明の場合，後日また話し合いをすることにした。校長は職員室に待機してもらい，話がまとまらなかった場合に話をしてもらうようにした。さらに，隣の事務職員にお茶を出してもらう役と，50 分過ぎても話が続いているようだったら，ノックをして，教頭を呼

び出してもらうことにした。教頭は話し合いの状況を校長に伝え，今後の対応についてその場で検討することとした。また，保護者が帰るときは，玄関までは話しながら，見送ることにした。事前にロールプレイを行うことで，担任も学年主任も保護者対応の方法がイメージでき，さらに具体的な留意点とそれを踏まえたアプローチを関係者間で考え，共有できたことで少し安心したようである。

　当日，両親で来校した保護者は子どもの人間関係やいじめの事実関係，そして，今後の対応について，担任や学年主任から話を聴くことができたことで，学校側の対応に納得し，加害者の保護者と直接会って話をすることは，様子を見て考えることになった。その学級は，学年主任や教務主任が関わることで落ち着いてきたこともあり，その後，保護者からのクレームは無くなった。

　この事例は，保護者のクレームを担任だけの問題とせず，管理職・教務主任を含めた学校全体の問題として対応することで，担任は支えられている感覚を持つことができた事例である。

2．学校の指導が原因で不登校になったと繰り返す小学校6年生の保護者

　小学校6年生のC君は，5年生の11月から不登校になった。不登校のきっかけは，10月にあった3泊4日の自然教室のときに，同級生から仲間はずれにされたと勘違いしたことである。C君の保護者はその時の担任の指導が納得いかないと学校にクレームを言い，C君は5年生の11月から不登校になった。校長や担任が「仲間はずれにしたのは，遊びの中でのことであり，C君もゲームであることを理解した上でのことだと考えているが，C君の心を傷つけたことは申し訳なかった」と謝罪したが，C君の保護者は納得しなかった。時々，学校に来て，校長と話すが，担任の指導法だけではなく，学校のあらゆることにクレームをつけるようになっていった。学校にクレームをつけた後は，教育委員会に行き，学校の対応について，不満を話して帰るのが日常になった。C君は学校に行きたいようだったが，保護者が学校の対応に不満があり，学校に行かせない状況であった。

　5年生の終わりに，6年生では，誰がC君の担任になるのかが話し合われたが，それまでの経緯を知っていた教師は誰も担任になりたくないという思いだった。そこで，結果的に新しく赴任したC先生が担任を持つことになった。C先生は始業式の後，「家庭訪問をしたい」と電話をかけたが，「家庭訪

間はしなくてよい」と断られた。学校からの配布物だけでも持って行きたいと伝えたが，それも断られた。時々，校長室に来て校長にクレームを言いに来るため，「事務室にＣ君用の棚を設けて，そこに配布物を置いておくので，学校に来た時に持って帰るよう」に伝えた。学校に来たときには，配布物を持ち帰るようになった。Ｃ君の保護者は，何か不満があると学校に来るので，校長も対応に困っていた。そこで，次回Ｃ君の保護者が来たときには，担任と教頭で対応することになった。４月下旬に保護者が校長室に来たとき，教頭と担任が対応した。そのときは，今までの学校の対応に対する不満をたくさん話して帰った。教頭と担任は黙って話を聴くだけだった。そのようなことが何回か続いたあと，担任から保護者に「毎週，月曜日の午後４時から午後５時まで，話を聴く時間を設けますから，その時間に来てください」という提案をした。それから，保護者は毎週その時間に来て，学校のことやＣ君のことを話すようになった。保護者は，次第に学校と関係のない近所の人への不満やトラブルのこと等も話すようになった。教頭と担任の話では，Ｃ君が不登校の方が，学校に不満を話しに行けるので，保護者にとっては，好都合なのではとのことであった。６月を過ぎたころ，担任から１日だけでも，Ｃ君を学校に連れてきてもらえないか提案し，保護者もそれを受け入れた。Ｃ君が学校に来る日は，学級の子どもたちも緊張していた。しかし，Ｃ君自身はもともと素直な子どもで友人関係も悪くなかったので，楽しく１日を過ごすことができた。７月には，午前中だけでもＣ君を学校に連れてきてくださいという提案も保護者は受け入れて，Ｃ君も午前中は学校に来るようになった。毎週行っていた教師と担任の面談は続けることにした。２学期以降，Ｃ君は毎日登校することになり，面談も２週間に１回，卒業まで継続することになった。

　このケースの保護者は，日常的な不満を誰にも話すことができないため，学校関係者と話したいために学校にイチャモンをつけていたのである。保護者の対応を教頭と担任２人で行い，その後，２人でシェアリングをしていたために，落ち着いた対応ができた事例である。学校にクレームをつける保護者は，日常的な不満を「聞いてくれる」学校に話したいことが背景にある場合もある。学校が振り回されないように，面談の時間を区切って構造化し，複数で対応することが，イチャモン型の保護者の対応の原則であることを示した事例である。

V　クレームにどのように対応するのか

１．クレームをどう受け止めるか

　前述の教師対象のストレス調査を行ったところ，ストレッサーの要因の第１位は「仕事量（多忙感）」で，第２位は「保護者との関係」であった。教師のストレスは子どもの問題・保護者の問題・同僚や管理職との関係などが複雑に絡み合っている場合が多い。ストレッサーが単独の要因である場合は少ないが，従来よりも保護者との関係はストレッサーになる場合が大きいと考えられる。

　保護者からのクレームは，それがどのようなものであるにせよ，受け取る側の教師のストレッサーになる。しかし，クレームの認知の問題でストレスが軽減されることも多い。例えば，「通学路の途中に駐車違反の車が多く，子どもたちが危ない。学校は何とかしてください」というクレームがきたとする。それは，「学校ではなく警察に行ってほしい」と考えるのか，「子どもの安全指導を考える上で重要な情報」だと受け取るのかで，教師のストレス度は異なる。クレームを学校や教師が今まで気づかなかったことを知る機会になると考えることで，危機管理の第一のポイントである情報収集ができ，子どもの安全を事前に確保できることも多い。学級指導や子どもの人間関係のトラブルに関しての情報も同様である。「そんなことぐらいで連絡しないでほしい。忙しいのに」と考えて対処すると，それは連絡してきた保護者にも伝わる。逆に，「学校が知らない情報を伝えてくれたおかげで事前に対応できた」と感謝の気持ちで連絡すると，クレームを言ってきた保護者が協力者になってくれる場合も多いのである。以下，筆者の考えるクレーム対応のポイントを挙げてみたい。

２．クレーム対応のポイント

　会って話を聴くだけで，半分のクレームは解決する。しかし，イチャモン型の保護者も一定数いることを認識しておく必要がある。イチャモン型の保護者の話を誠実に聴いていると，聴いている方がメンタル面で不調をきたすことがあることも留意したい。表３はクレーム対応の８つのポイントを挙げている。

　１つ目に，保護者を迎える際は，誰がどのような形で迎えるか，話を聞く場所が教室か校長室かなどを考えておく必要がある。２つ目に保護者の話を

表3　クレーム対応のポイント

1	保護者を迎える（どこで？誰と？を整理すること）。
2	要件を聞く。
3	事実を確認する（メモをとる）。
4	話し合ったことを簡潔にまとめる（合意点・課題を整理，共有する）。
5	感謝の気持ちを伝える。
6	人間関係を作る。
7	見送る。
8	話を聴いた教職員でシェアリングをする。

表4　クレーム対応の教職員間での振り返りの視点

1	保護者の話を聞き，すぐに担任・学校として改善できたか。 　①保護者の教育への理解が深まることもある 　②次回から同様なクレームへの対応に効率よく対応できる
2	よりよい解決策はないか。
3	よりよい説明の仕方・話し方はないか。
4	今後協力してもらうためにはどうしたらよいか。
5	学級で何か問題が起こった場合は即日対応できるか。
6	対応のタイミングが適切であるか。
7	連絡帳・電話だけで，対応できるか。
8	即時に同学年教員・管理職に報告・相談をしているか。

しっかりと聴くことである。途中で保護者の話をさえぎると，保護者は自分の気持ちを受け取ってもらっていないと感じることがある。3つ目に事実関係の要点は記録することである。一人で話を聞きながらメモをとることは難しいので，複数名で対応することが望ましい。4つ目は保護者の話や教員側の話を整理して，一致点と相違点を確認することである。この事実関係の共通理解ができない場合，後でもめることが多い。5つ目に「今日は話しに来てくださってありがとうございます」と感謝の意を伝えることである。保護者も学校にクレームを言う場合，ストレスになる。話しに来てよかったと思ってもらうことが大切である。6つ目に「今後も何かあったら話し合っていくこと」を確認し，引き続き話し合える関係を作ることである。7つ目は，玄関まで見送ることである。廊下を話しながら歩いていると，話し合いが効果的だったのかどうかが判断できる。8つ目に関係する教員とシェアリング

表５　保護者の話の聴き方から教師間でのシェアリングまで

1	相手が話しているときは，最後まで聴く。
2	共感的傾聴（全面・部分・仮定）相づち・目線。
3	事実が確認できないことは後日いつまでに事実確認をするか告げる。
4	謝罪すべき事実に関してだけは，すぐに謝罪する。
5	相手の表情に着目する。ノンバーバル（非言語）が感情を表す。
6	対応したことについて第三者（同学年教員・管理職）に即報告し，事実と気持ちの整理（シェアリング）。
7	連絡帳等で次の日にお礼を伝える。

（情報と情緒の共有）をすることである。教員にとっては，保護者のクレームは大きなストレスである。このシェアリングの中で，ストレスが解消されるとともに，情報共有ができ，今後の対応も具体化される。

　特に８のクレーム対応後に教職員間で振り返る際には，表４の視点から振り返ることが重要である。表４は教職員で保護者のクレームのあとに振り返る視点である。すぐに対応できることはすぐに対応し，保護者にそのことを報告することである。よい解決法があれば，他の教職員と情報を共有することも大切である。話し合いの過程で，よかったところと改善点も話し合うことである。保護者の対応は，知識だけではなく，経験も必要である。話の聞き方，話し方，間の取り方なども話し合っておくと，その経験が次回からの保護者対応にいきてくる。

　表５は，保護者の話の聴き方の方法をまとめたものである。「きく」は，事実関係を「聞く」，気持ちを「聴く」，質問をするという「訊く」の３つがある。保護者は事実を知りたいという思いと，気持ちを聴いてほしいという思いがある。事実だけを聞くのではなく，気持ちを聴くことが大切であり，保護者が話をしてよかったと思えるような話の聴き方を身につけるとともに，事実関係を把握した後に，謝罪すべき点があればその場で謝罪することも必要である。

　教師のストレスを軽減するためには，シェアリングが重要である。クレームを受けた校長・担任をどれだけソーシャルサポートできるかが，教師のメンタルヘルスを考える上で大切であり，その一つの方法がシェアリングである。また，最近では保護者との話し合いは録音されている場合が多い。近年は会話は録音されていることを前提に話をすることも留意されたい。

３．イチャモン型の対応について

　学校教育に対するクレームは，「教育ないしは自分の子どもを何とかしてほしい」というニーズに基づいたものである。しかし，イチャモン型は「イチャモンを言う」こと自体が目的であるために，クレーム同様の方法で対処すると，精神的・物理的負担が大きくなり，教師のメンタル面・学校の教育活動・主体性にネガティブな影響が大きくなる。

　しかし，学校はその立場上話をするために来校する保護者や地域の人に対して，「これ以上来ないで下さい」とは言えないジレンマが存在する。学校の主体性・教師のメンタルヘルスの側面への影響を少なくするためのポイントは次の５点である。

【イチャモン型の対応】
①「聞くだけでは解決しない」ことを認識する。
②必ず誰かと一緒に複数名で対応する。
③時間を区切る。
④聞く時間を構造化する。
⑤対応した後は必ずシェアリングを行う。

　話を聞いていると，同じことが何回も繰り返されることがある。一人で聞いていると，相手のペースに巻き込まれて，何が問題なのかがわからなくなる場合も多く，問題をより悪化させることもある。必ず複数で対応すること，話をする時間が長くなったら，途中で休憩を入れることである。長期化する場合は，「金曜日の16時から17時」等，時間帯を指定するなど，面談を構造化することが必要である。それによって，その問題をその時間帯にだけ集約することができ，教師のストレスも軽減される。

　また，話を聞く際は，「淡々と聞く」ことがポイントである。「感情は転移する」ことが多く，相手の怒りに対して，感情を動かすと怒りが増幅されることも予想される。怒りに対しては聞く側の冷静さが求められる。しかし，教師はカウンセラーではないので，複数で対応しないと，どうしても相手の感情に巻き込まれてしまうことがある。また，イチャモン型の対応後も，教師のメンタルケアの側面で，事実と気持ちのシェアリングが必要不可欠である。

VI　危機管理システムのクレーム対応への提案

1．契約型への移行

　日本の教育は「知・徳・体」の全人教育を伝統としており，子どもの教科教育のみならず，生徒指導を含めて全ての子どもの全ての教育を行うことを，教師も保護者も地域も前提としている感がある。しかし，現代の社会状況・教育現場の状況で，教師が全てを引き受けることが可能であろうか。仮に直ちに学校が教科教育のみに移行した場合は，学校不信・教師不信が拡大し，学校の教育活動が混乱することが予想される。

　日本の教師は人手不足もあり，多忙化している。保護者の学校への期待も多様化している。子どもの生活習慣や放課後の過ごし方まで，責任を担わされているのが現状である。今までの学校教育を整理して，今の学校で何ができ，何ができないのか，保護者にどのようなことをしてほしいのかを具体的に示し，保護者の合意をとることが必要である。このように，学校・学年・学級でできることと，保護者にしてもらいたいことを具体的に提示し，保護者の同意をえて学校教育を展開することを契約型の教育という。

　新たな学校教育を構築する前段階として，各学校において契約型の教育を行うことも一つの方法である。

　契約型の教育に移行するためには次のことが大切である。

・日本の教師は全てを引き受けすぎるため，できること，できないことを明確にする。
・子どもの全体像を具体的に話す。子どもの実態の全体像はイメージできにくい。
・学校の責任・家庭の責任を具体的に明確にする。

2．具体的方略

　また，その他学校で実施できる具体的方略として，以下の対応とレベルに応じた家庭への働きかけを共有し，明示しておくことも有用である。

・学校教育方針説明会において，学校経営方針として下記の具体的レベルに沿った対応を行うことを提案する。
・学級懇談会で学年・学級経営案を提示し，合意を得る。いじめが発生

した場合や授業妨害の場合等予想されるトラブルを例示する。

レベル1　子どもだけで解決できる→家庭には連絡しません。学級通信・懇談会で話します。

レベル2　家庭の理解が必要→電話か連絡帳で家庭に連絡します。

レベル3　家庭の協力が必要→保護者に来校してもらうか，家庭訪問をします。

レベル4　学級全体の協力が必要です→臨時懇談会を開きます。

レベル5　専門機関との連携が必要です。

　また，以下のような基本的な保護者への確認事項を教職員間で共有し，確認しておくことが重要である。

・子どもにトラブルが起こった場合，保護者から「子どもから話を聞きました」等の確認の返事を返してもらう。

・「ご心配なことがあれば，連絡をしてください」と保護者に伝える。

・懇談会の資料は全員に配布する。提案したことは参加者の総意で合意されたことを周知する。

　これらを保護者に提示することで，トラブル・クレームが少なくなるわけではないが，学校は共通理解のもとに冷静な対応ができると考える。

3．保護者クレームの結果責任は透明性と客観性・伝え方が問われる

　その他，クレームの結果責任を保護者へ伝えるにあたって，その内容や伝え方について筆者が考える留意点を以下に挙げる。

・子どもたちの状況や授業態度，子どもたちの人間関係等は可能な限り客観的に伝える。

・教師の仕事の忙しさ・子どもたちの教育の難しさ・保護者からのクレームの内容等も伝える。

・結果責任の伝え方は内容だけではなく，その伝える媒体・伝え方によって，保護者の学校に対する認知の仕方・協力体制が大きく異なってくることを理解しておく必要がある。

・PTA総会や懇談会などのフォーマルな会議と，懇親会や立ち話でのインフォーマルな関係での情報の伝わり方・学校教育や教師に対する認知の仕方には落差があることを意識しておくことが求められる。

　以上，ポイントは透明性と客観性，また伝え方の影響力について理解しておくことである。このような対応もあらかじめ学校で知識としてのみではなく，ロールプレイ等で研修を実施しておくとよいだろう。

Ⅶ　保護者のクレーム対応からシステム形成へ
——クレーム対応の全体構図

　学校へのクレーム対応を構造化するとしたら図5のようになる。現在の保護者のクレームは，担任・校長だけでは対応できないものも多く，教育委員会・大学等の研究機関，法的な問題は弁護士，心理的な問題は臨床心理士・公認心理師等，外部の専門性を持った機関との連携が必要である。その際に問われるのは，校長と外部機関との関係性である。日常的な関係性がある場合は，即時・即事的対応が可能になる。

　「一つのクレームからシステムへの構築」を行うためには，校長のリーダーシップと教師間の協働性が問われる。特に校長には意味あるソーシャルサポートとして存在できるのか，ネガティブなサポートになってしまうのかが問われているのである。

　学校システムの改善に繋げていく場合には，「学校教育のビジョン・危機感の共有，具体的方略の提示，カリキュラム・マネジメントの改善，生徒指導等との連関，教師一人ひとりのメンタル面でのケア」等を視野に入れたリーダーシップが必要である。

　クレーム対応においても，情報と情緒の共有が，教師一人ひとりのエンパワーメントを高める重要な要因である。一つのクレーム対応を，全体的視野に立ち，一つひとつ丁寧に行うことが，学校システムを改善し，保護者・地域の信頼を獲得し，結果的にクレームが減少する「ポジティブなスパイラル」に転換させることに繋がると考える。

　従来の学校は，「地域や保護者は学校や教師を信頼している」「学校は安全な場である」「学校と企業とはその目的・組織形態が異なる」ということを前提に教育活動を行ってきた。しかし，現在は「どうやって学校・教師の信頼を構築していくか」「学校を安全な場にするためにはどうするか」「企業から

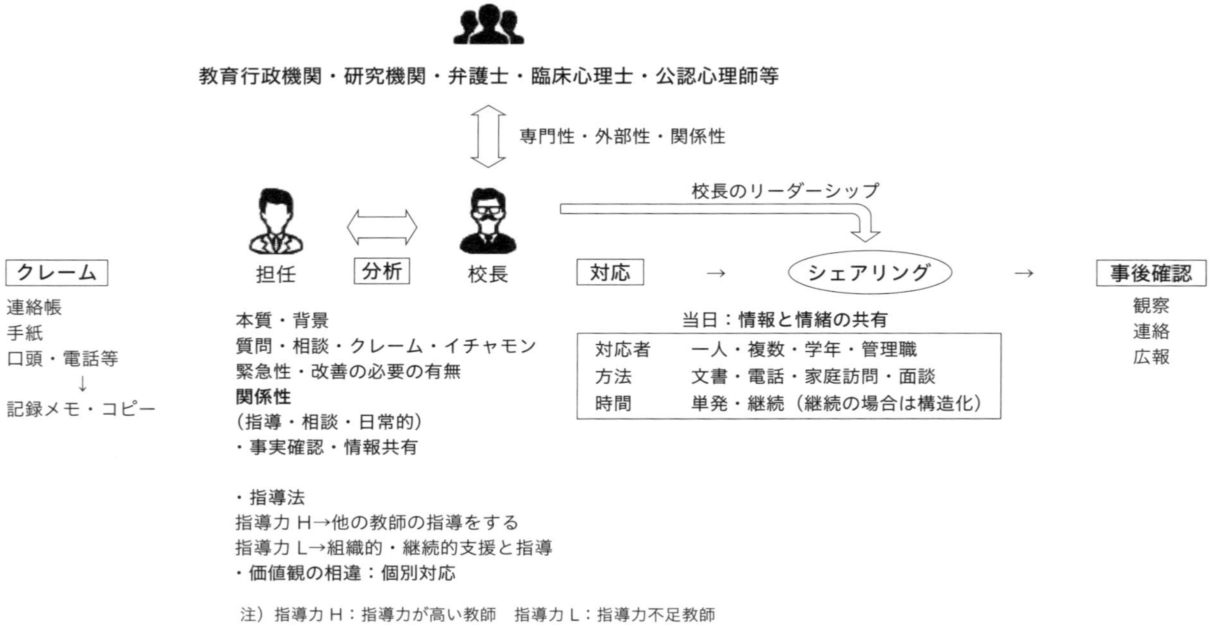

教育行政機関・研究機関・弁護士・臨床心理士・公認心理師等

専門性・外部性・関係性

| 分析 |

担任

本質・背景
質問・相談・クレーム・イチャモン
緊急性・改善の必要の有無
関係性
（指導・相談・日常的）
・事実確認・情報共有

・指導法
指導力 H→他の教師の指導をする
指導力 L→組織的・継続的支援と指導
・価値観の相違：個別対応

校長のリーダーシップ

校長

| 対応 | → シェアリング →

当日：情報と情緒の共有
対応者　一人・複数・学年・管理職
方法　　文書・電話・家庭訪問・面談
時間　　単発・継続（継続の場合は構造化）

| 事後確認 |
観察
連絡
広報

クレーム
連絡帳
手紙
口頭・電話等
　　↓
記録メモ・コピー

注）指導力 H：指導力が高い教師　指導力 L：指導力不足教師

図 5　学校のクレーム対応の全体構図

リスクマネジメントの方法をどう取り入れるか――学校と企業はどこが同じで何が違うか」が問われている。また，多岐に渡る教育活動を行っていく上での教師の多忙化とメンタルヘルスの関係をどのように考えていくかが課題である。

初　　出

増田健太郎 (2006) クレーム対応から危機管理システムの構築へ．九州教育経営学会第 12 号．

引用・参考文献

小野田正利（2003）学校に対する保護者等の苦情処理体制．In：木岡一明編：学校の危機管理とセーフティーネット．教育開発研究所．

小野田正利（2006）悲鳴をあげる学校―親の"イチャモン"から"結びあい"へ．旬報社．

関根健夫（2002）臨機応変　クレーム対応完璧マニュアル―最初の一言からアフターフォローまでをステップ解説．大和出版．

調査 1

　筆者が 2012 年度に行った。

　A 県 B 市・C 町，D 県 E 町の小学校 9 校・中学校 2 校・高校 1 校の校内研修会で質問紙調査（80 名）と校長との面接調査（12 名）での収集資料を筆者が分析したもの。統計的には，サンプル数に偏りがあり，一般化するためには，さらに詳細な質問紙調査を行う必要がある。

　2012（平成 24）年に，小学校・中学校に子どもを通わせている保護者 10 名に集まってもらい，半構造化したグループ面接を行い，筆者がまとめたもの。

調査 2

　2021（令和 3）年 6 月に「保護者クレーム対応」の研修会の前に教頭 101 名にオンラインで質問紙調査を行った。その後，アンケート結果をもとに，4 名の教頭にオンラインで聞き取り調査を行った。

コラム　フィンランドの教育

　フィンランドは PISA(Programme for International Student Assessment：OECD 生徒の学習到達度調査) の学力調査で常に上位にランキングされる国である。また，教師教育が盛んで，教師になるためには大学院修士課程修了が要件であり，6 年間教師教育を受けることが必修である。社会的地位としては，建築家と同様にリスペクトされている。

　フィンランドの教育や教師教育，教師の生活がどのようなものであるかを研究するために，2012 年 9 月に 1 カ月間，フィンランドのオウル市にあるオウル

大学とオウル総合学校に訪れた。オウル大学では，大学の講義とゼミに参加して，教師教育がどのように行われているか，講義をしたり授業をしたりして調査を行った。ゼミでは，１週間小学校で授業を担当した学生の報告とディスカッションが行われていた。２年間，１週間ごとに学校に行き，授業を行い，大学でディスカッションを行う往還型の教育システムである。時には，ゼミの先生も学校に行き，実習担当の先生と一緒に学生を指導するとのことであった。日本のように１カ月の教育実習だけではなく，２年間，往還型の授業が行われる中で，教師としての実践力が養われるのである。また，採用は自治体ごとではなく，学校ごとに行われるために，教師採用は学校の裁量権である。

　総合学校では，１カ月間の前半は授業参観と教師の観察，後半は授業を担当した。校舎はモダンな建物で，特に職員室が特徴的であった。全員がゆったりと座れるソファーのコーナーとミーティングをするテーブル，パソコンを使った作業ができるパソコンルームがあり，機能化されていた。教師は朝，8 時 30 分に学校に来ると，ソファーコーナーでコーヒーを飲みながらゆっくりと談笑していた。談笑の内容はプライベートなことが多いとのことだった。9 時になると教室に行き，授業を行い，また，ソファーに戻ってくる。教師の仕事自体が授業のみに特化されており，生徒指導は教頭とスクールカウンセラー等の専門職に任されていた。職員会議は年に数回であり，授業の内容などは各教師に任されていた。教材は学校ごとに各教科各学年の教材が載っているソフトを購入し，そのソフトをカスタマイズするとのことである。教師たちは 14 時 30 分に授業が終わると，全員帰宅する。専科教育もおり，教師たちの教材研究はその空き時間に行うとのことであった。

　教員の生活を調査するために，小学校教員・中学校教頭・高校教員の家に１週間ずつホームステイをして，生活ぶりを体験することになった。16 時には家に帰り，子どもたちなど家族との生活時間を大切にしているとのことであった。家での持ち帰りの仕事はほとんどなく，土日や１カ月はあるバカンス休暇は，家族と旅行をしたり，ゆっくり過ごしているとのことである。日本は授業と生徒指導，部活動指導や地域との交流など，業務が多様化して，多忙の極みである。フィンランドは，スポーツや芸術系の活動等は地域のスポーツクラブなどが担っている。「知徳体」の全人教育を目指す日本の教育にはよさもあるが，教師の業務を見直さなければ，教師の精神的・肉体的負担は軽減されない。フィンランドから学ぶものは，学校内だけではないかもしれない。

第9章

効果的な授業・研修会の方法

Ｉ　効果的な授業と研修

1．授業力と研修力

　教師の本務は授業である。一方通行型の授業ではなく，児童生徒のニーズとレディネスを踏まえた上での授業の展開が求められる。アクティブラーニングでは，双方向性で児童生徒が考えを深め，ディスカッションを行いながら思考力や発表力を高めるコーディネーターの力量が必要とされる。一方，SCも個人面接だけが本務ではなく，教師対象の研修や児童生徒対象のいじめや自殺予防などの授業がある。研修会や授業を通して，教職員のニーズや問題点の把握ができるとともに，SCは教職員の信頼を得ることができる。この信頼関係は，児童生徒や保護者の面接等の増加につながるものである。授業力と研修力は，集団のニーズに応じた展開が必要であり，共通項も多い。

　この章では，筆者がA大学で行った「教育相談」の15回の授業や，B大学で行った「教育課程と教育方法」の3日間の集中講義を題材にして，効果的な授業や研修会の方法や原則を解説していく。

2．授業・研修の原則

（1）専門性を高めるための4つのステップ

　授業・研修会・臨床心理面接には，共通点がある。それは目標があり，時間的枠組みがあり，心理的変容がある。また，レディネスとニーズを考慮して，双方向性・体験性を重視することである。専門性を高めるためには，「①知識化→②体験化→③実践化→④日常化」の4つのステップがあり，図1はそのステップを示したものである。それぞれ次のステップに入るためには，大きな壁がある。知識化とは，授業や講義あるいは書籍やネットなどで知識を得ることである。体験化とは，自分自身で体験することである。「理解できた」という認知的なものと「腑に落ちた」という心理的なものの2つがある。実践化とは，知識化・体験化で得たスキルを自分で実際に行うことである。実際にやってみるとうまくできないこともあるが，自分の工夫も生まれる。日常化とは，授業・研修会で得たスキルを何も考えずに自然にできるこ

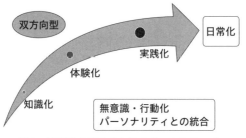

図1　専門性を高めるための4つのステップ

図2　子どものサイン（五十嵐・杉本，2012を参考に作成）

とである。あいさつを例にとって考えてみよう。「おはようございます」という挨拶が大切であることは誰しもわかっているし，気持ちのよい挨拶をしてもらった体験は誰にでもある。自分から気持ちのよい挨拶をしようと思えば，意識さえしていれば挨拶はできる。しかし，気持ちのよい挨拶を自然にいつもできる「日常化」のレベルになると，性格的な成長が伴わないと自然にはできない。携帯電話の操作も同様である。新しいスマホを購入した際，携帯ショップで操作の方法を教えてもらい，実際に操作してみて，その便利さを実感するが，しばらく使っていないとその操作方法さえも忘れてしまうことがある。

　この4つのステップを授業・研修会で体験してもらうためには，双方向の体験型で行う必要がある。学生に知識だけではなく，実際に体験してもらい，その体験にネーミングをすることによって意味のある知識となる。

　筆者はよくスライドを授業や研修会で使うことが多い。特に効果的なものは映像クイズである。映像クイズにすると受講者の全員の目がスライドに集中する。図2はある男子のシルエット像である。「このスライドをみて，どう思いますか」と質問する。もちろん答えは一つではない。「本に集中している」「読書が好きなのだろう」というポジティブなものから，「一人ぼっちで

ある」「いじめられているかもしれない」等のネガティブなものまで，多様な意見が出る。このように明確な答えがなく多様な意見が出る思考法を拡散的思考という。逆に特定の一つの答えを求める思考法を収束的思考という。創造的な思考やアイディアがたくさん出るのは拡散的思考であり，今までの学校教育の中心になっていたのは収束的思考である。1枚のスライドを使って実際の拡散的思考について体験させた後に，関連する知識を教えるとその知識が腑に落ちるのである。他にも，だまし絵のスライドを使って，「何に見えるか」答えてもらうこともよくある。みんな同じスライドを見ているのに，見える人と見えない人が混在する。見える人は安心感・達成感を感じることができるが，他の人が見えているのに自分だけ見えないと「あせり」や「不安」になることを伝える。その状態が続くと「学習性無力感」につながることを話す場合もある。

　授業・研修会のイントロダクションで使う方法であるが，この方法を使うと，授業・研修参加者の集中力や興味関心が一気に高まることを実感している。

（2）授業・研修の心理的原則

1）授業と研修会の共通項

　授業・研修会を効果的に行うためには，「目標を持たせる」「自主性・自発性を尊重する」「自己効力感」「達成感」を持たせることが鍵である。そのためには，「緊張と弛緩」を組み合わせた授業の構成をいかに考えるかがポイントであろう。日本の教育はどちらかといえば緊張を強いることが多く，弛緩を効果的に活用できていない場合が多い。しかし，参加者に興味・関心がない場合は，緊張と弛緩を活用しないと集中を持続させることは困難である。

　そのため緊張と弛緩を組み合わせたプログラムを考え，学生に自己効力感を実感させるフィードバックを行っていくことが授業・研修会では有用である。これは，臨床面接において，時間・場所・契約という枠を作り，その枠の中で行われるカウンセリングにおいては「受容と共感」を基盤に，クライアントとセラピストの関係の深まりとともに気づきが促進されていくプロセスにおいて，クライアントの自己理解が深まることで自発性が促進され，自己決定がなされていくプロセスがある。このプロセスは授業や研修会と共通するものがある。授業や研修会においては，必要感[注1]と楽しさがあれば，

注1）必要感とは，新しい知識を獲得することで，自分の成長につながったり，次の学びに役に立つという実感である。

「もっと学びたい」という学習意欲が生まれ，新しい知識の獲得も可能になる。上述したことを具現化するための，具体的な方法について，大学生への授業を例に以下解説をする。

　２）座席の指定

　「個人の行動は環境によって決定される」。この原則は，大学の講義においては，大学の教室環境（部屋の大きさ・座席の配置）と学生の座席の位置によって授業展開に大きな影響があることを意味する。大学の講義の場合，学生がどの席に座るかは自由の場合が多い。通常は後ろから席が埋まり，仲のよい学生同士が座る。経験上，「学生の講義に対するモチベーションが高い」「教員と学生のラポールが形成されている場合」を除いては，学生の自由な座席配置は講義に対して，次の３点の理由でネガティブな影響を与える場合が多い。「①指示が通りにくい，②友だち関係で席に座ると私語が増える，③座席の配置が均等でないために，講師は誰に向かって話をするのかが一定しない」の３つである。

　そこで，講義で第一番目に行うことは，座席の指定である。学籍番号などで機械的に座席を指定する。「座席替えをする」と伝えるとざわめきがおきる。抵抗である。この段階で学生の状況を知ることができ，座席を替えると教室全体の雰囲気が変わる。知らない者同士で座るため，私語が無くなり，緊張感に包まれる。この段階では，講師に対する不満・不信感が募り，抵抗感が高まるが，学生にとっては自分と向き合う機会にもなる。

　小・中学校においても，席決めやグループ決めは，授業が円滑に進むかどうかの重要な要素である。効果的な授業を行うためには，学級経営の技術として，席決めやグループ決めが参加者や授業・研修会の実践にどのような影響を与えるのかを理解し，上述したような具体的な方法を検討しておく必要がある。

　３）オリエンテーションにおける契約

　緊張感が高まった所で，授業・研修会についてのオリエンテーションを行う。この時間の目的，全講義の内容と方法および契約事項を確認するのである。例えば大学の授業では，「授業中の私語はしない」「積極的に発言する」等を学生に説明する。説明した後に，目を閉じさせて，この講義を受講するかどうかの自己判断をさせる。この目的・内容・方法で行うが，講義に参加するかを自分で決めさせるのである。いうならばインフォームド・コンセントの過程や治療契約と似ているかもしれない。目を閉じさせる理由は，周囲

の様子から判断するのではなく，あくまで自分で受講や参加の判断をさせるためである。仲のよい隣同士が近隣に座っている場合や目を開けて考えさせると周囲の様子に影響を受けて自分で考えずに退室する学生が増える可能性がある。大学のアンケートでも，最初に出て行こうか考えた学生が数名おり，「退室する勇気が持てなかったので，そのまま参加することとなった」と感想に記していた。このように最初にオリエンテーションで契約を確認するところから始めると，講師に対するイメージはとても厳しいネガティブなものになることが多い。

　この段階でのねらいは，大学の講義に対する認知の修正である。受動的に授業を受けるような学生の「甘えている」感覚を主体的な授業参加の姿勢へと修正するのである。講義の最初は緊張して，ストレスがかかっている。ストレスには，集中するためのよいストレスと，集中できないという悪いストレスもあることを伝え，自分のストレスのかかり具合を意識させる。このストレスについて講義を通して，そのストレッサーに対する心理的体験を言語化して伝えることが，ストレスに対する自己理解を促進させることに繋がる。

　4）アサーショントレーニング

　講義は「アサーショントレーニング→講義またはエクササイズ→シェアリング」の3部構成である。アサーションとは，「コミュニケーションスキルの一つで，相手の権利を奪わずに自分の正直な気持ちを率直に表現し，自分も相手も大切にした，人との関わり方をめざす」（平木，1997）ことである。講義の1クール目は，アサーションというタームは使わずに，「1分間スピーチ」で展開する。具体的には，その講義に関するテーマに関して，1分間スピーチをさせる。例えば，「生徒指導とは何か（第1回）」，「いじめをなくすために必要なことは」（第6回），「大学に行きたくないときは」（第7回）などである。学生3名を指名し，皆の前で1分間スピーチをさせる。最初はこちらからスピーカーを指名して展開するが，この方法に慣れた段階で，指名ではなく自発的にスピーカーを挙手させて決める。

　アサーショントレーニングを行う際に重要なことは，聴き手側の意識と態度である。聴き手側が，積極的傾聴の態度で聞かなければ，スピーカーは話す意欲を喪失する。3回目の講義ごろまでは，聴き手側の学生の傾聴訓練を行うこと，また積極的傾聴の態度をしっかりとオリエンテーションすることがポイントである。どのような科目であっても，聴き手側の態度で，話し手は積極的にも消極的にもなる。このスピーチと傾聴法を丁寧に行う目的は，

授業は教師と学生同士が交わす「社会的相互作用の過程であり，それはとりもなおさず言語的あるいは非言語的なコミュニケーションの過程である」(深田，1999) ことを学生に体験的に認識させることでもある。また，観察者に受講生の聴き方がどうだったのかを報告させる。「頷いて聞いていた」「俯いたり，横を向いたりと聞く態度ではなかった」等の報告が観察者からあると，聞く側の態度がわかり，聞く態度の修正が可能になる。

スピーカーは全員が体験をすることを最初の契約の中に入れておくこと，社会に出たときには，教師に限らずプレゼンテーション力が大切であることを認識させておくことが，アサーショントレーニングの動機付けとなる。

最初はアサーショントレーニングではなく，「1分間スピーチ」とする理由は，難しい用語に対する抵抗感を少なくするためである。最初に難しい用語で説明するとそのことだけで抵抗を感じる場合が多い。そこで，小学校のときに体験したことがある「1分間スピーチ」というネーミングで行い，話し手や聞き手の体験，その意義を理解したところでアサーショントレーニングとする。

このアサーショントレーニングの効果は，次の4点である。①話したり聞いたりするコミュニケーションスキルの向上，②ストレスやコーピングを意識することができる，③他者から認められることで自己効力感を実感することができる，④司会やスピーカー・聞き手が一体感をもつことができ，集団の凝集性が高まることである。

5）スモールステップ

アサーショントレーニングでスピーカーがすぐに上手な話ができるわけではない。受講生のレディネスに応じたスモールステップの支援が必要である。これは「話すというスキル」と「心理的負荷」の2側面で考えることがポイントである。最初はスモールステップで丁寧にスピーチのポイントを示すなどサポートをしながら実施するが，最終的には十分にスピーチを行うことができるようになる。

6）タイムマネジメント

講義は開始予定時刻とともに始め，終了予定時刻とともに終わる。1分の誤差もないように調整をする。チャイムがある場合はチャイムとともに，出席確認を行う。教師や講師が時間枠を守るだけでも学生の遅刻はかなり減る。また，「この講義は時間通りに終わるんだ」という認識枠が学生にできることで，時間に対する余計なストレスも減少する。筆者は，ほぼ全ての授業や研

修会で感想や評価をしてもらうが，時間通りに始めて時間通りに終わること
が，授業や研修会の高評価につながるという結果を得ている。オンタイムで
始めて，オンタイムで終わることは，実施側が想像する以上に参加者や受講
生の授業や研修会の評価に影響を与える。小学校・中学校において実施する
際も，終了のチャイムと同時にきちんと終えるような授業構成を考える必要
がある。時間が過ぎてしまっていると，大切なことを話したとしても伝わら
ないだけではなく，講師と受講者，生徒間の信頼関係にもネガティブな影響
を及ぼすことになる。

　セルフトレーニングとして一人で考えてもらう時間，シートへ記入を求め
るなどのワークを行う場合は，必ず「○分間」と時間を明示する。時間を提
示することで，受講者や学生の集中力を高めることができるとともに，回数
を重ねることによって，書く量が増えるために自分の成長を実感することが
できる。また実施側にとっても実施内容を曖昧にせずにしっかりと精査した
り，検討することにもつながる。

　7）ポジティブフィードバック（即時・即事のフィードバック）

　オリエンテーションの契約の段階で学生は「してはいけないこと」を理解
しているために，学生に注意することはほとんどない。学生が講師の意図通
りの思考や発言やワークができないとすれば，授業構成の問題か，講義内容
が学生のレディネスにマッチしていない等，講義する側の課題を検討する必
要がある。

　授業や学生のよいところを見つけて，即時・即事的なフィードバックを行
うことだけで，学生の自発性は促進する。双方向型の授業は，即時・即事的
なポジティブフィードバックが一つの鍵である。学生は失敗したり，叱られ
たりすることを極端に恐れる傾向にある。これは，受け身的な学習態度が体
質化した中学校・高校時代の教育の影響であろう。発言すること自体に恐怖
感を覚えている場合もある。皆の前で発言することは，そのこと自体がスト
レッサーであり，教師を含め周りの反応をとても気にしている。その不安感
を取り除くために，「発言すること自体に意味がある」ことを言語と非言語の
双方で伝える。賞賛ではなく「勇気づけ」である。勇気づけとは学生のあり
のままを評価し受容し，個人内の努力や進歩に着眼するフィードバックの方
法である。

　関係性が深まり，主体性が育つ中で，最終的には自分たちでディスカッシ
ョンできるまでに高まる。これは，ベーシック（非構成的）エンカウンター・

グループと同様の効果である。

　8）心理教育（構成的グループエンカウンター，ストレスマネジメント）

　心理教育は1970年以降，疾病に対する知識を最大限，患者・家族に伝えるものとして発展してきたが，現在では学校教育において予防開発的方法として用いられている。

　学校においては，構成的グループエンカウンターやストレスマネジメント，ソーシャルスキルトレーニングなど，多様な方法が開発されている。

　先に述べてきた大学での授業実践は集中講義として3日間行ったが，各日程の最後のコマの授業で心理教育を実施した。心理教育を担当するファシリテーターは臨床心理学を専攻する大学院生である。院生自身の学びになるとともに，年齢が近い院生のファシリテーションは大学生のモデルにもなる。現在の学校における生徒指導は，指導的な方法論だけではなく，予防開発的，発達支持的な心理教育の方法がより明確に求められている。その心理教育を体験することは，教師を志す学生にとっては特にその専門性を高めるためにも重要なことである。

　初日は，構成的グループエンカウンターを行い，2日目はストレスマネジメント教育を行った。特に5校時目は疲れのピークでもあったため有効であった。ストレスマネジメント教育とは，ストレスに対する自己コントロールを効果的に行えるようになることを目的とした教育的な働きかけである。その内容は，「ストレス」という概念の学習，自分のストレス反応やストレッサーが何であるかに気づく学習，ストレス反応を軽減するための対処方法習得などを目的としている心理教育的プログラムである。現代社会では，ストレスを完全に消滅することは不可能であるため，学生が「ストレスと上手につきあう」という視点とそのための方法を学習・習得することで，現在の心の健康を保ち，将来においてストレスに関した障害を予防することが期待できる。現在のストレスをどのように捉えているのか，ストレスに対する認知の修正，コーピングの方法を，学生に知ってもらうだけでも意義がある。

　（3）学生の振り返りレポートから

　ここからは，学生のレポートから授業の在り方を振り返ってみたいと思う。教育相談論を週に1コマ×15回日間受講した大学4年生の授業感想である。少し長文となるが，授業の本質や筆者が意図したことを的確に言語化しているため，一読していただきたい。

意欲のわく授業とは

　小学校，中学校，高校，そして大学2年間と今日まで私は，何千時間もの授業を受けてきた。その中には，授業が始まるのが楽しいという授業と毎回憂鬱な気持ちで迎える授業があった。その違いは何なのだろうか。最初のうちは，この授業も後者だった。しかし，それがいつしか前者に変わった。それがなぜなのか，この最終レポートを通して考えていこうと思う。

　この授業のメインとなっていたのは，「アサーショントレーニング」であったと私は思う。このアサーショントレーニング一つで，私たちの様々な力を先生は引き出していた。

　先生が指名するのではなく，学生が"自主的に"手を挙げスピーカー，司会，観察者になる。そして司会を中心に，スピーカーがスピーチをし，観察者や聞き手がコメントを述べる。その一連の流れに先生は全く関与しないのである。しかし，全てが終わり，前に出ていた学生が自分の席に戻ろうとすると，先生は引き止め，一人ずつにコメントをする。実はこの先生のコメントこそが，前に出て発表をしたことの達成感，そして次の学習を行う上での意欲に結びついていると私は思う。

　このことは，斉藤孝さんも著書の中で次のように述べている。『何かをしたときにはレスポンスが欲しいものだ。特に授業のような場で生徒が何かをしたときには，先生の方から一言レスポンスがほしい。（中略）とにかく受け止めてもらえたということがわかるだけでも大きな意味がある』

　まさにこの通りである。もしこれがなかったらどうなるか。思い切って発表したのにもかかわらず，先生からは「お疲れ様」の一言だけ。本当に聴いていたのか？　と疑いたくなる。または，実際に私が他の授業で経験したことだが，「ここが駄目だった」とか「この考えはどうだろうか」などと批判もしくは非難といったようなコメントをされたら，完全に達成感は奪われ，学習に対する意欲がなくなってしまう。もしかしたら，二度と授業には出なくなるかもしれない。そうならずに済んだのは，どんな意見であっても，たとえそれが間違っていたり，先生の意に合わないものであったりしたとしても，必ずコメントをしてくれたからだ。しかもそれが私たちの意見のポイントをうまく抜き出し，その上で感想を言ってくれるというものだったから，さらに学習へのやる気につながったのだと思う。教師にはこのような，人にやる気を起こさせ，勇気を与える，具体的かつ本質的なコメント力が必要なのである。

　教師からの反応とは別に同じ学生からの反応もアサーショントレーニングを行う上で大きなポイントであると思う。発表が終わった後の拍手やよかったところなどの感想はもちろん，前に立ち何十人もの真剣な視線が集まって

いるのを感じるのは，なんとも言えない達成感を感じるものだった。自分が前に進み出て，思い切って自己を表現してみる。その反応が大きくしっかりと体で浴びせられるように跳ね返ってくることで，勇気が増すのである。

　だが，それは全て終わったから言えることである。私も前に出るまでは，「達成感があるのはわかるけど，できない」と感じていた。その頃は特に「発表しないと単位がもらえないかも」とか「先生に怒られるかも」と先生の目を気にしていたように思う。だが，ある回で先生が投げかけた問いに思い切って手を挙げ答え，先生がそれに対し，「そう！　そういうこともあるよね」と言ってくれたおかげで，「私にもできた。次は絶対前に出て発表しよう」という自信と勇気が出てきた。そして中間レポートをまとめながら自分で改めて「成長したい」と強く感じた結果，次の回でスピーカーとして真っ先に手を挙げることができた。

　このようにアサーショントレーニングを達成するまでには自分の中に様々な心の変化があった。そして最終的に私に手を挙げさせたのは，自分自身が成長したいという気持ちを持ったことだ。このことを心理学では「内発的動機付け」と呼ぶ。反対に，最初の頃の私の動機を「外発的動機付け」と言う。外発的動機付けとは，「賞罰の誘引を用いて，学習課題以外の目標への動機を学習者に喚起させ，学習への意欲を高めさせる方法」である。これに対して，「学習活動を行うこと自体が報酬となり，学習課題そのものに動機付けられている場合」を内発的動機付けという。最初の頃の私は，「単位」「成績」といった"報酬"や「怒られる」といった"罰"を受けない為に発表しなければと考えていた。しかし，授業で「自主性・主体性・自発性」について学び，発表を終えた友人がすがすがしい表情をしているのを見るうちに，賞罰と関係なく次第に「自分も主体的に動いてみたい」と思う気持ちが強くなってきた。つまり始めのうちは，"前に出て発表すること"が報酬を得るための手段であったのだが，だんだんと手段ではなく，発表すること自体が目的となったのである。

　私は今，学生サポーターで小学校に入っているが，子どもたちを見て思うのが，学習に対する意欲がすごいということだ。それは，小学生の合同授業でも強く感じたことである。「学びたい」という知的好奇心，「我こそが，我こそが」と次々挙手をする行動に見える自発性。子どもたちを見ていると単位のために勉強している自分が本当に恥ずかしくなる。いつから，そしてなぜこのように変化してしまったのであろうか。このあたりのことは中間レポートで散々述べたので，今回はその原因について違う観点で考えていきたいと思う。

　まず1つ目に青年期特有の「まじめにやることがかっこわるい」という風潮に原因がある。私も中学校に入ると，100%自信があることでも発表できなかった。それは，やはり周りの目が気になったからだ。2つ目に教師に大

きな原因がある。教師がテストの点を重視すると，子どもたちの勉強に対する動機は，教師や親にほめられるため，逆にわるい点を取って叱られたくないからと変化する。これが進むと学ぶこと自体の楽しさを感じられなくなり，最終的には学習への意欲が全く失われることとなる。さらに，評価に関して過剰な不安を持つようになることもある。

　これは先生が以前授業でおっしゃっていた，「『教室は間違える場所だ』と大きく掲げているクラスに限って教師が子どもの間違いを認めない」という話と共通している。子どもたちはそういう教師の下で勉強していると，次第に間違いに対してマイナスのイメージしか持たなくなり，「間違って恥をかくよりは発言しない方がいい」と考えるようになる。児童期は本来なら，学ぶことへの興味，関心をバネにいろいろな知識や技能を身に付け，様々なものを生み出せるときである。さらにその過程では，何かをやり始めると，それに打ち込み，やりぬく喜び，つまりコンピテンスを味わうことができるようになり，「勤勉性」が育っていく。しかし，間違いや失敗が否定され続けると子どもは本来の能力も出せず，学ぶことから遠ざかってしまうと思う。今泉博さんは，著書の中で間違いについて次のように述べている。「私自身は，まちがいの重要性を再認識することで，授業においてはどんな発言でも，無意味なものはひとつもない，と考えるようになりました。まったく事実でもない意見であったとしても，何でも言える関係さえつくられれば，当然，その考え方には異論や批判が出されるはずです。たとえ，全く事実にもとづかない意見であっても，子どもたちが高まっていくきっかけにさえなりうるものです。現実の社会で生きていくためには，事実に照らしてデマを見抜くような力も必要だからです」このように間違うことは決してわるいことではない。間違いを間違いだとする考えこそが間違いであるのだ。沈黙からは豊かな学習は望めない。教室という場で，教師と子ども，そして子どもと子どもの間にコミュニケーションがあってはじめて学習は成立するのだ。「間違ってもいい。自分の思ったことを発表することに意味がある」という考えがクラスにあれば，そのクラスは何でも言えるとても自由な雰囲気になり，発言が苦手な子も自分の思いや考えを出せるようになる。個性的な意見が出されることで，違いもより鮮明になり，討論も生まれてくる。討論が発展することで学習はさらに深まるのだ。

　そういう意味でも増田先生によるこの授業は，学生の意欲をうまく引き出し，能力を伸ばすものだったと言える。他の授業にはない，「参加型」の形態が「緊張するけど，身になる」「辛いけど楽しい」などの感想を学生から引き出した所以である。

　意欲と呼べるかわからないが，この授業を全員が真剣に受けていた理由の一つには，この授業は次に何があるかわからないという怖さがあったからだ。先生は本当にいつもいきなり，「グループを組む」とか「前に３つ進む」とか

突拍子もないことを提案し実行する。「今日は何をするのだろう」「先生は何を言い出すかわからない」という不安や恐怖が授業中の緊張感に繋がったと思う。

また，先生がいつも答えを最後まで言わないことも，私たちの意欲を引き出すよい方法であったと思う。問題やテーマをポンと提示して，私たち学生に好きなよう意見を交わし合わせる。資料を探しても載ってないようなことなので，自分の頭で考えたり，人の意見を聞いて考えたりすることばかりだった。この「考える」という行為が当たり前のことのようで，実は授業においては実践されていないことだと感じる。大学の授業は特に，先生が一から十まで説明する形態がほとんどなので，学生には考える間が全く与えられないまま進んでいく。「考える」力こそ今最も社会で生きていくうえで必要とされていることであるのに，社会人を養成するための大学で，それが一番縁遠いというのは，大きな問題であると個人的に感じる。それは，小学校でも中学校でも高校でも同じである。私たちが学ぶとき，「考える」ということは切り離せないことなのである。

この授業は，課題の出し方も効果的であった。半分の授業が終了したところでの中間レポートは，前半の自分を内省させ，後半に生かすためにうまく機能していた。しかも，表紙に今までの発表回数を明示させることで，はっきりと前半の自分のがんばりが見えてくるわけだ。私もまさにこの中間レポートによって後半へのやる気を誘発された。そして，今回の最終レポートは教育に関する本を読んだ上で論述しなければならない。本を読まない大学生にとって，このような本を読んでのレポートというのは，非常に効果的であったと言える。今まではただ暗記していた心理学の用語も，今回自分の経験と照らし合わせてみることで，しっかりと自分の中に吸収できた。レポートを書きながら，「楽しい」と感じたのは，この授業でのレポートがはじめてかもしれない。書き進めているうちに自分が考えていることが自分でわかり，さらに新たに学ぶことが多くあった。学習に必要なのは，こんな感覚なんだと思う。

子どもたちの意欲のわく授業とは，「教える」教師が主役となるのではなく，あくまで「学ぶ」子どもが主役となる授業である。この授業を半年間受講して，このことを強く感じた。

私は先生が最後の授業で，おっしゃった言葉が非常に印象に残っている。それは「新人の教師がよい授業をできないのは当たり前だ」ということだった。私はその言葉を聞いて心からほっとした。教室は間違える場所である。子どもたちと同じように教師も時に失敗しながらもよい授業を子どもとともに創り上げていけばよいのだ。先生のあの言葉でこう思うことができた。

私も自分が教える側に立つことに対してとてつもない不安しか感じないが，間違いや失敗を犯すことを恐れず精一杯やっていきたいと思う。

引用・参考文献
今泉博（2003）まちがいや失敗で子どもは育つ．旬報社
神奈川新聞報道部（2007）いのちの授業—がんと闘った大瀬校長の六年間．新潮社．
齋藤孝（2006）実践！齋藤メソッド　生きる力を鍛える．小学館．
内田照彦・増田公男（編著）（2000）要説　発達・学習・教育臨床の心理学．北大路
　　書房．

教育方法論の目的・意図を自分の内省とともに的確に捉えている。また，
「学ぶことの意味」「教師の役割」について文献を参照しながら自分の言葉で，
語ることができている。本学生が述べている「何が起こるかわからない」と
いう授業展開は，学生のレディネスによって展開を変えていったことによる。
一方でこの帰納的な授業方法で内省を深め学んだ学生も多いが，最後までこ
の授業展開に慣れず，不安と不満を抱えたままの学生がいたことも事実であ
る。

（4）授業アシスタントの感想から

　先述したように，夏季集中講義で「教育課程論・教育方法論」を3日間，
9時から18時まで実施した。そのときに，協力してくれた授業アシスタン
トから授業について以下のようなレポートを送ってもらった。受講生ではな
いため，斜めから授業のあり様を記してあったので，紹介したい。

教育課程論・教育方法論のアシスタントをして感じたこと

　1．はじめに
　本授業では，たくさんの教員側からの工夫や仕掛けがあったように感じた。
中でも私自身の印象に深く残った，ルール作り，学生のワークの多さ，学生
の変化の3点をあげて感想や気付きを述べていく。
　2．ルール作り
　本授業では，授業の始まる前に，しっかりとしたルール作りを学生に納得
させるように，学生と一緒に定めていった。大学の授業では，基本的に，教
員側が一方的に厳しいルールを決めて従わせたり，ルールを決めずにとりあ
えず授業をこなしたりということが多くあるように感じる。おそらく，授業
を成立させるために，その方が教員にとってやりやすいからである。また，
学生と話すことを増やさないことで，授業時間の確保などが考えられる。
　そんな中，本授業では，教員側から唐突な投げかけがなされた。「皆さん発
表をしないなど，授業でロスした時間は，延長します。規定の17時50分か
ら，そのロスした時間をカウントします」といった要旨であった。すると，

少しザワザワしたあと，挙手する学生が現れた。そして，「アルバイトがあるから延長は止めてほしい」という内容である。この学生を口火に，少しずつ手が挙がっていった。その中でも，教員側から，「理由がないよ」「みんなに伝わってないよ」と言った支援が見えた。それに対し，普段ならば嫌がりそうな学生も，しっかり理由をつけたり，大きな声を出したりして議論していった。議論も出尽くしたところで，「延長はないようにするので，発表などをして，時間ロスをみんなで作らない」という教員のまとめで，ルール作りはまとまった。もちろん，単位も関わっているので，学生も真剣であったし，体調不良などで授業に出られなければ単位は与えないというルールは存在していた。これもこの議論が活発化した理由ではある。

　しかし，ルールを教員と作るという経験は大学では思い出せない。この議論を通じて，授業への集中力が高まったであろうと想像できる。一方的に決められたルールではなく，教員と学生で決めたルールであり，かつ，本授業を受けている学生みんなで話し合って決めたルールになったからである。他にもテキストは先を見ず，主に，スライドを見ておく，テキストは指示があったところから進めていくなど細かい指示も出てきたが，大きなルールを全員で共有した後であるからか，自然と学生もそのルールに従っているようであった。

　3．学生のワークの多さ
　2点目に気づいたのは，学生のワークや討論などの活動の多さである。本授業では，学生のワークの多さがとにかく目立った。大学の講義では，実習演習を除くと，基本的に講義形式が多く，集中講義では，なおさら実験や研修のような講義を除いて，教員主体というのが定番であり（私自身の経験上），そうであると思っている学生が多いのではないだろうか。ルールを決めるところまで，学生を交えて行うが，ルールを決めて以降は，教員が一方的に話すという形も考えられ，私自身もこのルール決め以降は教員主導で行われる授業であろうと思っていた。しかし，本授業ではそんなことは全くなく，義務教育の時代を思わせるほど，ワークやちょっとしたブレイク，発表機会が満ちていた。そのため，普段は寝るであろう3時限目以降の授業においても寝ている学生は確認できなかったように思う。

　ワーク内容は様々であった。小学生が行うようなゲームから，様々な意見の話し合いをまず2人で，4人で，そして8人でというものもあった。小学生が行うようなゲームとしてタイ・タコゲームがあり，この盛り上がりは凄かった。普段の授業の展開上でこのゲームを行っても，こんなに盛り上がりはしないだろう。授業展開の工夫や，教員側の巧みなトークや解説の結果，この盛り上がりが生まれたように思う。学生がその場に立って，隣の学生と手を合わせて楽しそうにしている姿が印象的であった。

　このようなゲーム等を含み，また，2人やそれ以上でのワークを多くする

ことによって，隣の学生だけでなく，座席の周囲の学生と人間関係ができていった。座席は，仲のよい友だち同士で隣り合うというのではなく，ゲームによって，ある程度ランダムに決められた座席であり，顔は知っているけどあまり知らない学生同士や，顔すら見たことがない学生同士がメインであった。そうであったにも関わらず，ゲームやワークを交えることで，本授業が終わる頃には，友だちと言える十分な人間関係ができていたように思う。

極めつけは，３日目にある模擬授業とその計画である。２日目の途中から，３日目の１時間分は，模擬授業としてその指導案作りの時間となった。大学の講義でもなかなかありえない授業中に図書館などで調べてもよいという時間すらあった。それらの時間を通じて学生主体の授業というのが形成されていくようであった。普段一緒ではない学生７〜８名がグループを作り，教科や分野は問わず授業を組み立てる。制限は 30 分の授業というだけである。大抵の場合は制限ばかりのため，学生の伸びやアイデアは制限されがちであるが，本授業は逆に制限がなさ過ぎて，学生が困っている一面も見えた。しかし，他の学生と話し合うことでうまく決めていっているようであり，本来の学習の姿のように感じられた。

４．学生の変化

先述の２点と大きく重なることもあるが，学生の変化がいちばんの驚きであった。学生の心を掴む教員の授業展開があったことを確かに感じることができた。その証拠に，１日目の終わりには，女子学生が２人やってきて，教員に授業の質問ではなく，人生相談や雑談をしているようであった。ゼミの先生であっても，就職に関することでは相談はあっても，なかなか人生相談には発展しない。それなのに，たった１日で学生の信頼を得ていたのである。

他にも，学生の変化は至る所で確認できた。配布資料などを配る際に，２日目以降は学生も手伝ってくれた。３日目においては，授業の片付けに関しても学生が十数人集まって行なってくれた。３日目は，授業の終わりで開放的になり，すぐに遊びに行きたいはずであるのに，その十数人は残って教室の整理などを行なってくれた。授業は学生と教員とそのアシスタントで作り上げていくものであり，授業後の整理も授業の一貫であることが学生側に浸透していたのではないかと考える。

学生の目の輝きも持続的で，挙手の回数や挙手する人数なども，授業が展開されるにつれて明らかに多くなっていった。質問の難易度が少し違っていたのかもしれないが，授業中は知識を問う質問はなく，自分の考え方やアイデアを聞くものがほとんどであった。そのため，発言をすることが恥ずかしくない状態，もしくは発言しても温かく聴いてくれるという感覚になった学生は，心置きなく挙手することができたのではないかと思う。つまり，挙手を温かく認めたり，他者の発言を受け止めたりするような受容的な雰囲気があの短時間でも教員側の工夫によってできたのではないかと考える。その受

容的な雰囲気を作り出すために，グループワークやゲームなどを多用し，また，ルール作りを学生とともに進めていたのではないかと考えられる。

　模擬授業の時も，学生主体であり，授業をサボっても気づかれないような環境ですらあった。しかし，学生内で統制が取れているせいか，そんなグループは一つもなく，どのグループも真剣に調べ，指導案を作っており，その授業を展開しているようであった。その中で，教員側も「いい教材だね。今度使わせてもらうから教えてよ」「よかったらちょうだいよ」といって学生の成果を認めていた。すると素直に学生側も喜んでいるようであった。

　私自身が見た模擬授業も工夫されており，また，本授業の影響を受けたためか，どのグループも，教員側が一方的に話すだけの授業展開は一切なかった。相互交換型の授業であったり，ワークを導入することで体験や交流などを含んだ授業になっていた。また，授業をするグループもよい人間関係ができており，協力的な印象であった。さらに，授業を受けるグループも積極的に挙手するなどして，授業を盛り上げていた。

　これらのように，学生の積極性や，授業への前向きな取り組みを引き出していた。授業当初は全く予想ができなかった方向に学生が向かっているように見えた。もちろん全ての学生ではないかもしれないが，十分すぎる数の学生が積極的に参加しているようだった。

　5．感想総括

　授業が考えられているなという印象が強かった。授業の内容は余るほど用意されているが，授業展開や学生の様子，興味次第では，用いる教材を変えるようであった。授業を構成する際に，この余るほどの授業内容を用意しておく必要があると感じた。この用意があれば，イレギュラーのときにも話のネタには困らないし，質問にも答えやすいからである。その中でも，これは伝えるんだ，という大きな枠を持ちつつも柔軟に授業展開していくのが子どもたちを伸ばしていくためには必要ではないかと強く感じた。

　メンタルヘルスの話や，体罰は教育ではなく調教である，といった話のときは，毅然とした態度での授業展開をする時もあった。一方で，学生が出した質問をとりあげ，教員側の思いつきで，教員と真剣に交際を始めた生徒がいた時，信頼失墜行為であるかどうか議論するなど，授業展開で臨機応変に変わっていくものもあった。

　これらを踏まえると，授業のルールなどの根本的な所はしっかりと規定しておき，また，授業内容もこれだけは教えるという内容はしっかり決めておく必要があると言える。しかし，授業内容は教員側が一方的に決めた内容だけではなく，子どもたちのレディネスに合わせ，また授業の雰囲気・展開に合わせて，授業内容を臨機応変に変容していくことも子どもたちを伸ばしていくために必要であるだろうことがわかった。

　この大学生向けの授業を，中学生（私自身が中学生の教員志望）にあては

めて成功するとは限らないが，一方的ではなく，子どもたちと展開していく
授業を増やしていきたいと思う。変わらない子どもは変わらないと諦めるの
ではなく，よい方に変わるように教員側からの促し，そのサポートをしっか
り行うことで，本授業のように子どもたちの意欲や自主性，積極性を育てら
れる授業展開を行いたい。

　また，中学校の場合では，多くの活動や授業をその学級単位で行動するこ
とにより，学級の雰囲気や人間関係で子どもたちの精神的な成長や学習意欲
なども影響される。つまり，学級単位での雰囲気は非常に重要となるのである。
これを考え，学級作りをうまく行っていくためにも，特別活動などだけでは
なく，普段の授業から子どもたちの変容に着目していく必要がある。

　「受容的な学級の雰囲気を作る」と言ってしまえば簡単であるが，そう簡単
なものではない。今回での学生の変化を胸に，子どもたちの変化の様子を見
ながら，私自身もともに成長していきたいと強く思うことができた。

　授業を受けつつも，離れて学生の様子を見るという，アシスタントの立場
だからこそできる視点からたくさんの経験や視野を得ることができたのでは
ないかと思う。今回の集中講義で得た視点や方法を大切にして，来年以降，
私自身が教員となって子どもたちを伸ばしていきたいと思う。

　上述した感想からもご理解いただけるように，授業をどのように展開すれ
ば，教育目標が達成されるのか，それは，はじめから決められていた授業内
容を展開するのではなく，学生のレディネスとその時の学生の雰囲気・状況
で柔軟に臨機応変に変えていくことが必要である。学生の自主性・主体性を
大切にしながら，双方向型で体験的な授業をすることが求められる。その際
には「ルールと関係作り」が授業作りの土台になる。

Ⅱ　魅力ある教育実践とは何か──2つの事例を通して考える

1．魅力ある授業にする意味

　子どもたちの生活の場の大半は学校である。その学校生活の約8割は授業
である。授業が楽しくなければ，学校生活がストレスになるのは，自明の理
である。全ての授業を魅力あるものにすることはできないが，毎日1時間で
も楽しい授業があれば，子どもたちの学校生活のストレスは軽減される。授
業には「楽しさ」と「必要感」が大切である。また，こんなことができるよ
うになった，先生や友だちから認められたという時間になれば，授業が待ち
遠しい時間になる。今回は筆者が実践した2つの事例を通して，魅力ある授
業およびカリキュラム・マネジメントについて考えたい。

2．巨大ビオトープを中心としたカリキュラム

（1）巨大ビオトープ作り

　総合的な学習が取り入れられた当初，小学校でも市町村の補助で，ビオトープ注1) 作りが盛んになった時期があった。しかし，作られたビオトープは，体育館の裏だったり，校舎の隅の方だったり，また，生態系を守るという名のもとに，子どもの立ち入り禁止だったりで，いつのまにかビオトープの存在さえも忘れられている学校も多い。

　A小学校では校舎と校舎の間にある職員の駐車場だった場所に小学校4年生の子どもたちのアイディアで巨大なビオトープを1年間かけて作った（図3）。完成後は，1年生から6年生まで，ビオトープに関する授業を総合的な授業の中に取り入れている。この学校にビオトープがずっと継続してある理由は，学校全体の中心に子どもたちが遊べる場所としてあるために学校のシンボル的存在になっていることである。

　では，A小学校ではどのようにしてこの巨大なビオトープが作られたのかを紹介する。

（2）大学等の専門機関との連携・協働

　A小学校に1枚のチラシが配られた。B大学の環境デザインを専攻する大学教員の出前授業のチラシである。4年生の先生たちは，公園作りについての出前授業をお願いした。町の公園にある植物や生き物についての生態系に関する授業である。授業は子どもたちに公園にもいろいろな植物や生き物がいることを伝え，町の中にも自然がたくさんあることを学んでもらう有意義な授業であった。4年生の先生と大学教員は，1回だけの授業で終わらせるのはもったいないと考え，出前授業を継続できないか考えた。大学教員から，大学生や大学院生たちの卒業論文や修士論文の研究のためのフィールドを探していることが話された。お互いに協議を進める中で，目標を立て，そこに向かって，出前授業を継続することが決まった。そのゴール目標とは「子どもたちが遊べる巨大ビオトープ」を作ることである。巨大ビオトープを作るためには，費用と労力がかかる。また，教職員の駐車場を巨大ビオトープにするために，教職員の合意も必要である。しかし，話し合いを進めていく中で当時，自治体から環境教育を行うために150万円の助成が行われていたた

注1）池や山を作り，自然に成長する植物やトンボやカエルなど，小動物が生活できる空間である。日本固有の生態系を守るために外来種などは取り除くことが多い。2000年代に総合的な学習の素材としてビオトープを作る学校が一時増加した。

図3　巨大ビオトープ

め，その助成が受けられれば，池を掘ったり，山を作ったりする費用が賄えることが明確となった。また，大学生や大学院生たちがビオトープ作りを研究対象にすることで，学生たちの力も借りることができること，そして懸案事項であった教職員の駐車場は別の場所に確保することで，教職員の合意を得ることができ，巨大ビオトープ作りがスタートした。

　生態系についての出前授業のあと，子どもたちはグループごとに，どんなビオトープがよいか話し合い，プレゼンテーションを行った。子どもたちは山があったり，川や橋があったりと遊べる巨大ビオトープについていろいろなアイディアを出し合った。そして子どもたちが出したアイディアをもとに，大学教員が具体的なビオトープについてデザインし，設計した。

　池や山作りや井戸のポンプの設置などは業者が行ったが，池の底にはる田んぼの土や周りの植物には腐葉土が必要だった。秋の遠足で，全学年の子どもたちが近くの山に腐葉土を取りに行った。腐葉土をまいたり，池に田んぼの土をはる作業は，学生たちと4年生の子どもたちでの共同作業を3日間かけて行った。また，学習発表会は「ビオトープ作りのプロセス」をテーマに劇にして，保護者に発表を行った。この発表をしたことで，保護者の理解と協力も得られやすくなり，土をならすためにユンボ等を使った作業は保護者達が行なった。

　1枚のチラシから始まったビオトープ作りは4年生が終わる3月に完成した。もちろん，ここまでの時間は，総合的な学習の時間だけでは足りず，図

工の時間や国語や音楽の時間も使った。そこには，目標を立ててそれぞれの教科をマネジメントするカリキュラム・マネジメントが必須であった。

　大学がもっている専門知と学生の労力，教師や保護者・地域を巻き込む「人間関係マネジメント」力も大切であった。学生たちの研究フィールドにしたいというニーズを小学校が提供し，小学校はビオトープ作りを中心とした教育活動を行いたいというニーズを大学が提供するという互恵関係を協働して達成していくプロセスがあった。

　巨大ビオトープが完成した後は，毎年，土での造形物を作る専門家を招いたり，各学年の総合的な学習の中に，ビオトープに関わる授業を取り入れたりしている。

3．「動物園探検をしよう」特別支援学級のカリキュラム・マネジメント

　特別支援学級は，学年も障害も違う子どもたちが学ぶ学級である。子どもたちのレディネスもニーズも違う。次は小学校の特別支援学級の実践事例である。学級は1年生1人，2年生2人，4年生2人，5年生1人の6人学級であった。算数や国語等は，各児童に合った課題に応じて指導するが，なかなか各児童が「やる気」にならず，困っていた。筆者は1カ月間，子どもたちを自由に遊ばせる中で，子どもたちの興味関心がどこにあるのか，人間関係はどのようなものかについて観察を行った。観察の結果，子どもたちの共通の興味関心は「動物」であること，子どもたちの人間関係は5年生の児童が支配的になっていることと，4年生2人の関係はあまりよくないが，4年生・5年生は，低学年のお世話をすることには抵抗がないこと等が明らかとなった。

　生活単元学習は，「生活上の課題処理や問題解決のための一連の目的活動を組織的に経験することによって，自立的な生活に必要な事柄を実際的・総合的に学習できるようにする指導の形態」である。通常学級の総合的な学習と共通しているところがある。

　筆者は，子どもたちの興味関心から生活力を付ける教材として，「動物園探検をしよう」というテーマで，カリキュラムを組み直した。動物園に行き，動物や電車，遊園地のビデオを撮り，子どもたちに見せた。「動物園に行きたいかどうか」尋ねると，異口同音に「行きたい」と答えた。子どもたちでペアを組み，自由に使えるお金は100円で，電車にも乗ることができる。教師の先導ではなく，自分たちだけで動物園を回るのである。さて，子どもたち

だけで動物園を回るためには，どんな力が必要だろうか。まずは，トイレであった。洗面所やWC等の様々な表記がある。トイレに行きたくなったときに，自分たちで探していく必要がある。次に地図を見る力である。自分たちの計画通りに，動物園を回るためには，地図と自分たちの現在地を照らし合わせる必要がある。また，時計から時間を読み取る力も必要である。電車に乗ったり，お店で買い物をしたりするためには，お金を計算する力も必要である。生活単元の時間だけではなく，国語や算数・社会の時間も使って，動物園探検に必要な力をつける授業を行った。子どもたちは，高学年と低学年の2人のペアにして，日常生活からペアでの活動がスムーズに行えるようにした。子どもたちは動物園探検が決まってから，学習意欲が向上し，生活態度もとてもよくなった。

　当日の引率教師は筆者だけではなく，教頭・教務主任の3人態勢でおこなった。それぞれのペアの後ろにつくようにした。しかし，安全上の問題で，校長は子どもたちだけでの動物園探検は，許可をしなかったのである。そこで，保護者へ相談して，各ペアの後ろについて子どもたちに見つからないように見守ってもらうことにして，ようやく校長の許可がおりた。保護者には「変装大作戦」と称して，子どもたちには，絶対に見つからないこと，子どもの安全が脅かされる場合は，すぐに子どもたちの前に行ってよいが，戸惑ったり，ペアでけんかが起こったりという場合は，「5分間は待つ」ようにお願いをした。

　さて，動物園探検の当日，子どもたちは意気揚々と，ペアごとにスタートする。その10分後，妊婦さんやベレー帽を被った画家風の格好をした保護者達が現れた。見つからないように，子どもたちのあとをついていく。

　子どもたちは動物を観たり，電車に乗ったり，楽しそうに動物園探検をしている。その後ろを変装した保護者もペアになって付いていく。1時間ぐらい経ったころ，2年生の児童と5年生の児童が，お店の前で立ち止まってしまった。2年生の児童がお菓子を買いたいと駄々をこね，パニック状態になっていた。5年生の児童はなだめているが，泣き声が段々，大きくなってきた。保護者から「子どもたちの所に行ってよいか」という連絡があったが，あと3分間待つように話し，待ってもらった。そうすると，2年生の児童は泣きながらも，5年生の児童と手をつないで，お店の前を離れることができた。後日，保護者から「あの5分間は長かったけれど，待つことの大切さを実感した」との感想が寄せられた。

動物園を自分たちだけで，楽しく探検できたことは，子どもたちの自信になったようで，その後の授業にも意欲的に取り組めるようになった。

4．魅力ある授業を創るため——グライダー論の提案

子どもたちが自発的・主体的に取り組める授業を創るためには，子どもたちのレディネスとニーズ，そして，人間関係を的確につかむ必要がある。また，担任や学校だけの力では難しい場合は，大学や保護者等の外部の力を借りることも必要である。学校と大学・保護者のニーズを調整し，お互いにプラスになるような互恵関係がとても大切である。

そして偶然の出会いを必然にするための人間関係マネジメントと教科横断的なカリキュラム・マネジメント力が重要である。多忙な学校現場に，全ての授業時間を魅力あるものにするだけの，時間的・人的余裕はない。しかし，コアになる教育活動が魅力的であれば，子どもたちの主体性が授業の中で発揮され，子どもたち自身が授業を創っていくようになる。

魅力ある授業とは，教師が一方通行で行うものではなく，子どもたちとの双方向のコミュニケーションを大切にしながら，柔軟に展開していくものだと考える。

教師の専門性は，授業力である。子どもたちと向き合う時間の大半は授業である。授業準備をする時間がないほど，学校現場は多様な雑務で追われているが，児童生徒にとって，授業をいかに楽しく・必要感があるものにしていくのかは，不登校やいじめなどの学校臨床問題を解決する本質的な問題である。

教育の目的は子どもたちの自立である。学級経営も親子関係も同じで，子どもたちが自分で考え自分で判断し，自律し自立していくための営みである。筆者はグライダー論を提唱している。グライダーは滑走路を適度な速さでロープをけん引して，タイミングよくロープを離さなければ墜落してしまう。ずっと引っ張ったままでは，子どもたちの自立はできない。けん引するスピード，ロープを離すタイミングは子どもによっても，学級によっても異なるため，子どもや学級をよく見立てる必要がある。また，自立飛行した後も，雨が降ったり，嵐が来たりしたら，どのように飛行するかの指示を出す必要がある。つまり，教師と子どもたちの良好なコミュニケーションが必要なのである。子どもたちと共通の趣味やテレビ番組・音楽のことなどを話せるチャンネルをいくつも持っておく必要がある。

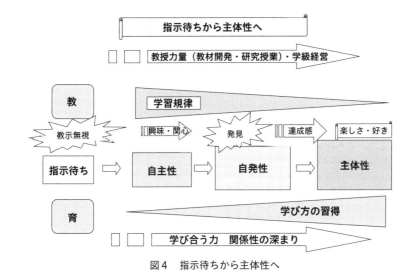

図4　指示待ちから主体性へ

　図4は，子どもたちが指示待ちから主体性を持つまでのプロセスをイメージ化したものである。教育は，「教えること」と「育む」ことの組み合わせで成り立っている。最初は学習規律を作り，具体的に丁寧に教えていくことに重点が置かれる。子どもたちの興味関心に沿ったことであれば，子どもたちは学びたいという意欲を促進することができる。子どもたちが発表できたことは，すぐに具体的にほめていく。ほめられるとモチベーションがあがり，次の意欲につながる。その繰り返しの中で，自発的になり，自ら学び・自ら考え・自ら課題を見つけるという好循環が子どもたちに生まれる。この好循環が生まれた時には，指導や指示は必要最低限になり，教師は子どもたちの活動を見守り，時々支援するだけで，子どもたちは成長していく。学習規律も必要最低限のものになる。

　主体性を育てる基盤は学級経営であり，教師と子どもたちとの垂直関係，子どもたちの水平的な関係が良好であることが求められる。

初　　出
増田健太郎（2008）初任者教員のストレスに関する研究——大学教職課程・初任者研修改善を視野に入れて．平成18・19年度科学研究費補助金交付萌芽研究．
増田健太郎（2023）魅力ある教育実践とは何か—二つの事例を通して考える．教育と医学，72(10); 70-75.

引用・参考文献

深田博己（編著）（1999）コミュニケーション心理学―心理学的コミュニケーション論への招待．北大路書房．

平木典子（1993）アサーショントレーニング―さわやかな「自己表現」のために．日本・精神技術研究所．

コラム　教師とスクールカウンセラーのコミュニケーション

　子どもの不登校やいじめ問題・虐待など，教師だけでは対応できない問題が年々増加している。SC や SSW 等，他職種の連携がより大切である。教師の仕事は年々多忙化しており，教職員同士のコミュニケーションも満足に取れない状況である。多忙な状況の中で，教師と SC はどのようにコミュニケーションをとっているのだろうか。週に 1 回来校する SC も，面接が詰まっていれば，教師と話す時間もなかなかとれないと思われる。

　筆者は，学校に行き，管理職と話をする中で，SC や SSW の話を聞くことも多い。SC が好評である場合もあれば，その逆もある。つまるところは「人ですね」で話が終わる。では，どんな SC がよいのか，尋ねると教師とのコミュニケーションをどれだけ取ってくれるかが大きな評価の要因になっている。いわゆるクリニックモデルで，相談室に 1 日こもっていて，面接はしてくれるが，教師とのコンサルテーションを含めたコミュニケーションが不足している SC は，何をしているのかがわからず，相談する気持ちになれないとのことであった。

　SC の机は職員室にあるだろうか。ある SC は，職員室の真ん中に机を配置してもらい，飴玉やお菓子を机の上に置いているそうだ。机が職員室の真ん中だと，どの教師にも話しかけやすいし，お菓子を取りに来た時に，声をかけやすいからである。立ち話で日常会話や相談ができるようにしているとのことであった。教師に対してコンサルテーションやカウンセリングをするときは，相談室で面接の時間をとるが，それ以外は，立ち話で職員室の中でも相談にのっている。立ち話の 5 分間でも，教師にとっては，子ども理解が進んだり，子どもとの関わり方のヒントが持てたりする。接触の機会が多ければ多いほど，信頼関係は深くなるという「単純接触効果」がある。接触の機会をできるだけ，増やすように心がけることが大切である。子どもや保護者との面接が終わった後は，できるだけその日のうちに担任にはフィードバックすることが重要である。担任教師は，面接でどんなことが話されているのかがとても気になっているのである。もし，その日のうちにフィードバックができなければ，一筆箋に簡単な内容を記し，その教師の机のところに裏返しておいておくだけでも，教師の不安は軽減される。また，印刷室で印刷している時は，教師と話すよい機

会である。印刷中はその場から離れられないので，印刷時間がコミュケーションの時間になる。

　時間があるときには，学校全体を回って子どもたちの様子を気にかけてくれる SC も評価は高かった。廊下から教室を見るだけで，その学級の様子や，教師と子どもたちのコミュニケーションはわかるものである。休み時間に職員室に戻る教師と話すことも日常的なコミュニケーションをとる一つの方法である。

　1週間に1回だからこそ，SC の外部性が保たれ，職員室や子どもたちの変化に気付くこともできる。また，教職員の集団力動の中に巻き込まれず，中立性を担保できる。子どもたちが抱えている問題を少しでも解決するためには，多様なコミュニケーションを通して，SC や SSW が協働していくことが求められている。

コラム　学校臨床と不妊カウンセリング

　筆者は，いじめや不登校・教師のストレスなど，研究も臨床も学校臨床を中心に活動してきた。それが今では，研究・臨床は不妊カウンセリングが中心になっている。10年前に，福岡市の医師会で，「ストレスマネジメント」の講演を行ったのがきっかけである。筆者の講演会に参加していた不妊治療を専門とする産婦人科医から呼び出され，クリニックの職員を対象としたストレスマネジメントの研修会を依頼された。その研修会のあと，産婦人科医と主任看護師から，「不妊カウンセリングをやってくれないか」というお願いがあった。理由は，不妊カウンセラーは女性が多く，男性の心理カウンセラーが少ないこと，また，年齢が高いほうがクライアントも安心するからとのことであった。しかし，学校臨床を専門とする筆者が不妊カウンセリングができるという自信がなく，お断りした。しばらくすると，連絡があり，どうしても引き受けてほしいとのことであった。そこで，不妊カウンセリングとカウンセリングの違いについて考えた。カウンセリングの手法は共通している。不妊カウンセリングを10割とすると6割は共通している。残りの4割は不妊や高度生殖医療の知識である。その4割は学べばよいことだと考え直し，引き受けることにした。これが，4対6であれば断っていたと思う。何事も共通項はあるもので，7対3であれば，引き受けることにしていたが，不妊や高度生殖医療の勉強はかなり大変であった。不妊治療は，保険適用され，現在では少子化対策として注目を集めているが，10年前は，それほど注目されている領域ではなかったと思う。

　6組に1組の夫婦が不妊で悩んでいる。また，体外受精で生まれた子どもたちも数多くいる。結婚適齢期はないが，出産適齢期は生物学的に考えると存在する。筆者が現在行っている里親・特別養子縁組を検討する委員会でも，不妊

治療を行ったが子どもを授からずに，特別養子縁組を申し込む夫婦が多いことに気付かされた。不妊治療・高度生殖医療とともに，社会的養護の分野である里親・特別養子縁組の勉強も必要であることも実感した。

　不妊カウンセリングを引き受けることになってから，産婦人科の培養ルームの見学や医師や看護師さんや培養士さんにわからないことを質問するとともに，書籍での勉強，東京で行われている不妊治療の学習会などにも参加した。また，不妊カウンセリングに関する研究で科学研究費をもらい，不妊治療の最先端の国であるオーストラリアの高度生殖医療のクリニックや産婦人科の調査研究も行った。その中で，クリニックでは，医師・看護師・培養士・カウンセラー・高度生殖医療コーディネーターが一つのチームになり，クライアントを支えていることを目の当たりにした。また，オーストラリアでは，発達障害児の相談を受けてほしいと依頼があり，10ケース担当した。初回は現地で親子面接をして，２回目以降はオンラインでカウンセリングを行った。その中には，不妊治療を受けた方も数名いた。

　「いろいろなことは，どこかで繋がっている」というのが筆者の考えであるが，不妊治療と社会的養護，発達障害児の支援はつながっていることに気付かされた。

　現在では，不妊カウンセラーの養成講座の講師を年に２回行っているが，不妊カウンセラーの基礎資格は，看護師・保健師・鍼灸師・薬剤師などが多く，臨床心理士・公認心理師取得者はごく少数である。不妊で悩んでいる夫婦はかなり多く存在し，不妊治療を受けている方も多い。医師や看護師と連携するためには，不妊治療の知識は必要である。また，高度生殖医療は年々進化しているため，常に新しい情報にアップデートすることと，生命倫理に関わる問題やデリケートな性の問題も扱うため，神経を使うことは多い。ただし，不妊カウンセラーは医療系の基礎資格が多いため，情報提供が多いように見受けられる。少子化が問題になっている現在において，不妊治療および不妊カウンセラーのニーズは大きくなっている。不妊治療は経済的負担だけではなく，心理的負担も大きい。心理的な負担にも対応できる臨床心理士・公認心理師資格をもった不妊カウンセラーの参入が必要である。

おわりに

　筆者が学生時代に心を動かされたフレーズはある方に教えてもらった「全ては出会いから始まる」「まず，やり始めよ。まず，出発せよ」の２つである。いろいろな人との出会いを求めて，国内はヒッチハイクで回り，海外にもバックパッカーでソ連やヨーロッパを巡った。様々な人と出会い，話を聴き，自分の価値観が改めて研ぎ澄まされていくと同時に，自分の視野の狭さを感じたものであった。この学生時代の体験が今でも筆者の原点であると思う。また，教職についてからも，受け身にならず，なんにでも積極的にトライできたのは，「しない後悔よりも，やって失敗する方が学びは大きい」という学生時代の体験があったからである。

　さて，筆者が臨床心理学を学び始めたきっかけは，小学校教師であった時に，ある小学校１年生の不登校児のA子さんとの出会いがあったからである。母子分離不安が原因であったが，保護者の話を聴いても，子どもと関わってみても，不登校になる理由がよくわからなかった。しかし，目の前に不登校児がいて，保護者も担任も困っている。何かをしなければという思いだけが先行していた。当時，教職員の関係性はとてもよく，困ったことは何でも話したり，協力する関係性があった。不登校児が教室に入れないときは，職員室にいる教師が不登校児と過ごすいい体制が自然にできていた。１年間，教職員がA子さんと保護者と迷いながらも関わったこともあり，A子さんは２年生から学校に登校できるようになった。その原体験が，筆者が臨床心理学と教育経営学に関心を持ったきっかけである。つまり，A子さんとの出会いがなければ，今の筆者はいないのである。

　九州大学大学院実践臨床心理学専攻の教員になってからも，様々な出会いがあった。特に筆者の研究室の院生たち62名との出会いは大きかった。毎週金曜日にスクールメンタルサポーターとして学校に行き，学習支援や発達障害児の支援を行い，18時ごろに九大に戻ってきて，集団スーパーヴィジョンとシェアリングを行った。時には，終了が23時過ぎになることもあった。大学院生たちのボランタリーと子どもたちを支援したいという情熱を感じるとともに，大学院生を通して，学校現場のリアリティと大変さを学ぶことができた。その体験が本書の背景に散りばめられている。

　また，講演会・研修会もほぼ断らずに行った。不登校やいじめ，教師のス

トレスや保護者のクレーム等をテーマにした学校臨床に関するものから，企業や内閣府等から「ストレスの対処法」「効率的な業務の行い方」等，多様なニーズがあった。また，医師会対象に「ストレスマネジメント研修」を行った時に，ある産婦人科医から声をかけてもらったのをきっかけに，「不妊カウンセリング」を始めるようになり，在職中の後半は，研究も不妊カウンセリングが中心で，オーストラリアにも研究と臨床のために何度も渡航するようになった。人生，何がきっかけで，方向性が変わるかわからないものである。

　本書は，今までいろいろなところに執筆していたものや現在の学校臨床に関わるテーマをもとに書き下ろしたものをまとめたものである。大学院生の実習先訪問や研修で学校現場に行く機会も多く，また，不登校やいじめ問題などの研究をしていく中で，学校現場の大変さは年々深刻になっているのを実感する。本書は学校臨床がテーマであるから，ネガティブなものが中心であるが，一方で，学校や教師の魅力も伝えていく必要があると考えている。学校や教師の魅力については，改めて，どこかでまとめたいと思う。

　本書の執筆にあたっては，遠見書房社長の山内俊介氏，編集部の駒形大介氏のご支援・ご助言があったこと，筆者の研究室の修了生である鹿児島大学准教授の平田祐太朗氏と，北海道武蔵女子短期大学准教授の宮本知加子氏に文章の校正を手伝ってもらった。皆様に心より感謝したい。

　教師や心理職などの対人援助職は，「人間性・社会性・専門性」の3つが大切である。人間性を考える上で，ヒントになる神田理沙さんの詩を最後に紹介したいと思う。

　　どんなことが　起ころうと
　　どんな時代の　波風が荒れようと
　　どんな冷たい批判を　受けようと
　　どんな苦悩の　どん底にあろうと
　　どんな幸福の　絶頂にあろうと
　　常に変わらぬ　ありのままの人
　　そんな人に　私はあこがれる

　　いつも大地に　足を踏みしめ
　　周囲をぐるぐる　めぐってゆく
　　物象の変化に　とらわれず

自分を見失しなわず
自分の道を　かんぜんと進む人
そんな人を　わたしは愛したい

気どらず　飾らず
知恵深く　情深く
心の底で　自分を信じて
誤解にも　不幸にも　じっと耐えて
いつも　ありのままの人
そんな人を　わたしは尊ぶ

　　　　　　　神田理沙『十七歳の遺書』（サンリオ，1978）から

初出一覧

第1章　学校臨床とは何か
　野島一彦・繁桝算男（監修），石隈利紀（編）（2022）公認心理師の基礎と実践⑱—教育・学校心理学　第2版．遠見書房．

第4章　不登校の現状と対応
　増田健太郎（編著）（2016）学校の先生・SCにも知ってほしい：不登校の子どもに何が必要か．慶應義塾大学出版会．

第8章　保護者のクレームとその対応
　増田健太郎（2006）クレーム対応から危機管理システムの構築へ．九州教育経営学会第12号．

第9章　効果的な授業・研修会の方法
　増田健太郎（2008）初任者教員のストレスに関する研究—大学教職課程・初任者研修改善を視野に入れて．平成18・19年度科学研究費補助金交付萌芽研究．
　増田健太郎（2023）魅力ある教育実践とは何か—二つの事例を通して考える．教育と医学，72(10)；70-75．

コラム　ストレスは伝染する？
増田健太郎（2022）子供の心のSOSに気付くストレス基礎講座12「性格とストレス」．道徳と特別活動，38(12)．

コラム　不安を希望にかえるもの
　増田健太郎（2018）不安を希望に変えるもの．教育と医学，66(4)．

著者略歴

増田健太郎（ますだ・けんたろう）

　九州大学大学院人間環境学研究院教授。博士（教育学）。臨床心理士，公認心理師。
　九州大学大学院人間環境学研究院博士後期課程単位取得満期退学。公立小学校教諭，九
　州共立大学経済学部助教授，九州大学大学院人間環境学研究院助教授を経て現職。
　専門は教育経営学・臨床心理学。

主な著書

　『教師・SC のための心理教育素材集—生きる知恵を育むトレーニング』（監修・著，遠
　見書房），『学校の先生・SC にも知ってほしい：不登校の子どもに何が必要か』（編著，
　慶應義塾大学出版会），「不妊治療と不妊カウンセリングの臨床心理学的研究」（月刊
　精神医学）ほか多数。

チーム学校で子どもとコミュニティを支える
教師と SC のための学校臨床のリアルと対応

2024 年 3 月 15 日　第 1 刷

著　者　増田健太郎
発行人　山内俊介
発行所　遠見書房

〒 181-0001 東京都三鷹市井の頭 2-28-16
TEL 0422-26-6711 FAX 050-3488-3894
tomi@tomishobo.com　https://tomishobo.com
遠見書房の書店　https://tomishobo.stores.jp

印刷・製本　モリモト印刷

ISBN978-4-86616-190-7　C3011